4 LE CHIEN GLOBE-TROTTER : CARACTÉRISTIQUES

- Il est propre.
- Il adopte un bon comportement vis-à-vis des hommes et des animaux.
- Il est bien éduqué.
- Il a l'habitude de voyager en voiture.
- Il supporte les voyages en train ou en avion.
- Il peut rester seul à la maison.
- Il sait bien se tenir au restaurant.
- Il n'a pas peur des bruits inhabituels.
- Il est en bonne santé physique et psychique.
- Il s'adapte aux changements de nourriture et de climat.
- Il est heureux de vivre et curieux.

Les chiens s'accommodent volontiers du stress d'un long voyage si, après la fatigue du trajet, ils peuvent découvrir de nouveaux territoires et partager les activités de leur maître.
Pendant l'année, la plupart des propriétaires de chiens n'ont pas le loisir de s'occuper des heures durant de leur quadrupède. Les vacances sont l'occasion de renouer en toute liberté les fils de cette amitié.
Les premiers jours, votre chien se sentira sans doute un peu désorienté, mais cela passe généralement très vite, et ce changement de cadre de vie lui sera bénéfique autant qu'à vous.
Une condition, cependant, s'impose pour que vos vacances soient pleinement réussies : que votre compagnon à quatre pattes soit bien éduqué et qu'il obéisse aux ordres de base.

Corinna Brünger

Voyager avec son chien

Les conseils d'un expert pour votre animal favori

Photos :
Christine Steimer
Illustrations :
György Jankovics

Avec la collaboration
de Royal Canin

Collection dirigée par
le Dr Rousselet-Blanc

HACHETTE

SOMMAIRE

CONVERSE
ALL STAR

AVANT DE PARTIR : CE QU'IL FAUT SAVOIR

Avant même d'adopter un chien, vous devez être conscient des conséquences qu'implique cette décision. Habitué à vivre en meute, le chien n'aime rient tant que partager la vie de ses maîtres et les suivre partout, y compris en voyage. Mais pour que vos vacances avec lui se passent bien, vous devez les préparer.

Un chien bien éduqué

Quel que soit le type de vacances envisagé, il est indispensable que le chien ait reçu une éducation affectueuse mais ferme. Partir ne serait-ce qu'une semaine avec un chien mal élevé n'est pas de tout repos, c'est un stress à la fois pour le chien, pour ses maîtres et pour les autres vacanciers. Nous ne saurions trop vous conseiller de n'emmener votre compagnon avec vous que s'il a été bien socialisé par des contacts fréquents avec les hommes et les animaux.

Si, par exemple, vous avez adopté votre chien dans un refuge, il est essentiel qu'il retrouve une relation solide avec l'homme. Ce serait un cauchemar pour cet animal, qui a peur d'être abandonné, d'être séparé de ses maîtres, même pour quelques jours. Si votre chien a toujours vécu en appartement et n'a jamais vu un box de sa vie, il vivra le fait de se retrouver dans une pension ou un refuge pour animaux, parmi des congénères bruyants, comme une expérience traumatisante.

Bien choisir ses activités contribue aussi à la réussite des vacances avec un chien.

Un chien en bonne santé

Autre condition impérative pour que les vacances en famille se passent bien : la santé du chien. Avant de partir, un petit contrôle de son état de santé chez votre vétérinaire s'impose. Si votre compagnon souffre d'une affection chronique et doit prendre des médicaments chaque jour, pensez à les emporter.

Vérifiez également que ses vaccins sont à jour. Si vous vous rendez à l'étranger, renseignez-vous en temps utile auprès de votre vétérinaire ou de l'ambassade concernée pour connaître les formalités douanières et la législation sanitaire. Ne vous fiez pas aux dispositions de l'année écoulée, car elles changent constamment.

Le mangeur difficile

Si votre chien est habitué à un type de nourriture, emportez celle-ci avec vous : on trouve, dans toute l'Europe, des aliments préparés de marques connues. Mais toutes les marques d'aliments pour chiens ne sont pas distribuées partout. **Conseil :** si vous savez qu'il vous sera impossible de lui épargner un changement d'alimentation, faites-lui adopter son nouveau régime progressivement au moins 2 mois à l'avance, en respectant une transition alimentaire sur une dizaine de jours. Vous lui éviterez ainsi d'éventuelles complications digestives.

Vous ne pouvez pas l'emmener

Naturellement, il est des circonstances qui peuvent empêcher votre chien de vous accompagner.

- S'il est très âgé ou gravement malade, mieux vaut ne pas l'arracher à son cadre de vie familier pour lui imposer le stress d'un voyage et d'un changement d'environnement.
- S'il vit toute l'année en chenil, emmenez-le uniquement si l'hôtel ou la maison de vacances peuvent en mettre un à votre disposition.

Si ce n'est pas le cas, mieux vaut laisser le chien à la maison.

Si votre compagnon ne peut venir avec vous, plusieurs solutions s'offrent à vous pour le faire garder.

Le séjour chez des amis

Cette solution a de nombreux avantages :

- Le chien est maintenu dans son cadre de vie habituel.
- Il connaît la personne qui vient s'occuper de lui.
- De son côté, la « nounou » connaît les points forts et les faiblesses de votre animal. L'idéal serait qu'elle vienne loger chez vous. De cette façon, votre chien supporterait mieux votre absence.
- Le chien continue à faire ses promenades dans son environnement familier.
- Il évite le stress du changement de nourriture.
- Cette formule est peu coûteuse pour le propriétaire.

Les sociétés de garde à domicile

Depuis quelques années, des petites sociétés organisent ce type de service durant les vacances. Un employé vient chez vous pendant votre absence et se charge d'arroser vos plantes, de vider votre boîte aux lettres, d'ouvrir et fermer les volets ou bien d'allumer la lumière à des heures convenues. Ce service s'étend également aux animaux de compagnie. Ces sociétés sont difficiles à trouver dans les pages jaunes, mais elles font paraître des annonces dans les journaux, même dans la presse généraliste, surtout à l'approche des vacances. Cette formule présente cependant des inconvénients :

- L'employé est un étranger qui ne connaît pas votre animal.
- Ce service reste malgré tout relativement onéreux.

En tant que membre à part entière de la famille, le chien a aussi ses « bagages ».

La pension ou le refuge

N'attendez pas la veille du départ pour réserver une place dans une pension pour chiens ou un refuge, car ces établissements sont surpeuplés en période de congés. Cette solution est donc rarement envisageable en cas de départ à l'improviste.

Dans certaines pensions pour chiens, vous pouvez obtenir, moyennant un supplément, que votre chien loge dans la maison plutôt que dans un box. Téléphonez à plusieurs établissements, puis visitez-les si possible avant de fixer votre choix (voir ci-contre). Avant de mettre votre compagnon en pension, assurez-vous que tous ses vaccins sont à jour. En effet, qui dit concentration de chiens, dit aussi risque de troubles pathologiques et parfois d'épidémies. Une garderie sérieuse doit disposer d'un local de quarantaine sous le contrôle d'un praticien, afin de protéger au maximum les animaux en bonne santé contre tout risque de contagion.

La famille d'accueil
Il existe également des bourses d'échanges entre propriétaires : une personne prend en charge votre chien pendant vos vacances et, en retour, vous accueillerez le sien lorsqu'elle s'absentera. Vous pouvez vous procurer les adresses des familles d'accueil auprès des associations de protection animale ou par le biais de la presse spécialisée (voir p. 61). Dans tous les cas, la personne qui va garder votre chien doit se familiariser avec lui. Précisez-lui les qualités et les petits défauts de son futur pensionnaire et laissez-lui les consignes utiles, afin que tout se passe bien.

L'éleveur
Signalons enfin que de nombreux éleveurs offrent, aux personnes qui ont acheté un de leurs chiens, la possibilité de reprendre leur compagnon pendant leur absence.
Le propriétaire du chien a ainsi la garantie que l'éleveur connaît bien les spécificités de la race en question, et en outre, le chien se retrouve au sein d'une meute qu'il connaît déjà un peu.

La pension pour chiens

N'attendez pas la veille du départ pour vous demander si votre chien part en vacances avec vous. S'il ne vient pas, plusieurs formules s'offrent à vous pour le faire garder. Si vous optez pour la pension pour chiens, n'hésitez pas à visiter plusieurs établissements et vérifiez les points suivants :

- **La pension doit être placée sous le contrôle d'un vétérinaire.**
- **Les boxes doivent être propres, bien entretenus, et disposer d'un espace grillagé où les chiens peuvent s'ébattre.**
- **Le personnel chargé de s'occuper des pensionnaires doit être en nombre suffisant.**
- **Les chiens doivent avoir la possibilité de sortir et de se dépenser au moins une fois par jour, pendant un long moment.**
- **Si votre chien boude son écuelle, apportez la nourriture à laquelle il est habitué pour ne pas le perturber.**
- **Pensez aussi à apporter sa couverture et ses jouets préférés. Ces objets familiers l'aideront à mieux supporter son séjour en pension.**

De nombreuses pensions offrent aux chiens la possibilité de se dépenser physiquement.

Une éducation respectueuse de l'environnement

C'est la condition indispensable pour pouvoir emmener un chien en vacances. Cela signifie que vous devez éduquer votre compagnon à quatre pattes de façon que la cohabitation homme-chien au sein de la société humaine se passe le mieux possible. Naturellement, il serait souhaitable que les humains tiennent davantage compte des besoins des autres êtres vivants. Malheureusement, ce n'est pas toujours le cas et bien souvent, c'est aux animaux de s'adapter. Et comme le chien est contraint, dans les grandes villes, de cohabiter avec l'homme dans un espace restreint, il est indispensable qu'il soit bien éduqué et sache s'adapter aux exigences et aux comportements humains.
On attend d'un chien qu'il soit propre, qu'il obéisse aux ordres élémentaires (voir p. 20), et qu'il ne soit pas un fauteur de désordre. Rappelez-vous bien qu'avoir un chien est une responsabilité et que c'est à vous de faciliter son intégration au sein de la société humaine par une éducation affectueuse mais ferme.
Le laisser-faire est malheureusement trop fréquent aujourd'hui. Sachez pourtant que l'éducation d'un chien exige, pour être efficace, un minimum d'autorité : dans la nature, les chiens ou les loups

qui vivent en meute obéissent aux règles fixées par les animaux situés plus haut dans la hiérarchie ; dans sa relation avec vous, votre chien attend que vous vous comportiez en « chef de meute ».

L'éducation du chiot

L'éducation du chien doit commencer dès son plus jeune âge de façon simple et ludique. Durant leurs premiers mois, les animaux sont curieux et assimilent très vite. En aucun cas, vous ne devez attendre que le chien ait 1 an. Vous pourrez trouver de bons conseils auprès d'un éducateur canin ou d'un club de sport canin.
On peut obtenir auprès de la SCC (Société centrale canine) des adresses d'éleveurs (éducateurs professionnels) et de clubs (dans sa région et selon la race de son chien). Mais il n'y a pas de « brevet » délivré ou reconnu par la SCC.
Préférez les clubs aux éducateurs professionnels (qui pratiquent parfois des tarifs exorbitants) : en clubs, les éducateurs sont des amateurs bénévoles ; c'est donc une solution pratique et financièrement intéressante, les seuls frais étant le paiement d'une cotisation.

L'intérêt de l'éducation

Partir en vacances avec un chien mal élevé, c'est vous exposer à coup sûr à des problèmes. C'est pourquoi vous devez habituer votre chiot à toutes les situations de la vie quotidienne, même s'il n'est pas très rassuré au début.
Les maîtres inexpérimentés pensent bien faire en cherchant à épargner à l'animal les situations qui lui sont apparemment désagréables, comme circuler dans une zone piétonne animée ou prendre les

PENSE-BÊTE
Le chien bien éduqué

1. Il maîtrise tous les ordres usuels de la vie quotidienne.
2. Il est propre et se comporte bien lors des promenades.
3. Son comportement social vis-à-vis des humains et des autres animaux est dépourvu d'agressivité.
4. Il ne manifeste aucune panique ni aucune agressivité face à des milieux ou des bruits inconnus.
5. Il a un coin pour dormir et sait qu'il ne doit pas chercher à grimper sur le lit ou le canapé.
6. Il ne mendie pas à table ni au restaurant.
7. Il s'adapte aux changements de nourriture, d'environnement et de climat.
8. Il est capable de rester seul un moment, même dans un univers étranger.
9. Il est habitué à voyager dans les transports publics.

CONSEILS

Les règles de base de l'éducation
• L'éducation d'un chien exige beaucoup de patience. N'abandonnez pas si votre « élève » ne réagit pas tout de suite comme vous le souhaitez.
• Veillez à ce que les ordres soient toujours exécutés. Vous êtes, pour votre chien, le chef de meute qui fixe les règles à respecter.
• Soyez logique. Lorsque votre chien exécute correctement un ordre, récompensez-le aussitôt ; dans le cas contraire, grondez-le. Et ce, durant toute sa vie de chien.
• Procédez à son éducation en le tenant en laisse jusqu'à ce qu'il ait bien assimilé tous les exercices. Sans quoi, vous n'auriez pas la possibilité de corriger ses travers.

transports publics à une heure de pointe. Or, un chien ne peut maîtriser une situation que s'il l'a déjà vécue et la connaît. C'est une nécessité, non seulement pour que vous puissiez l'emmener en vacances avec vous, mais aussi pour faciliter votre vie de tous les jours.

Conseil : emmenez souvent votre chien faire ses besoins dans des endroits qu'il ne connaît pas. Au début, il ne sera peut-être pas très rassuré, mais c'est la meilleure façon de lui apprendre à être à l'aise dans n'importe quel environnement.
Nombreux sont les propriétaires de petits chiens qui ne voient pas la nécessité d'éduquer leur animal, considérant la plupart du temps que les petites races ne sont pas dangereuses. Mais, en matière d'éducation, il ne s'agit pas seulement de prendre en compte le danger que peut représenter un chien. Il faut aussi protéger l'animal des dangers qui le menacent et faire de lui un chien paisible et de bonne compagnie. Dites-vous bien qu'il est fréquent d'avoir à se séparer d'un chien parce que des erreurs d'éducation ont fait de lui un compagnon indésirable.

Comment bien élever un chien ?
L'éducation consiste à faire d'un jeune chien un compagnon sûr de soi et bien élevé. Pour cela, temps, patience, esprit d'observation et cohérence sont nécessaires. Ne baissez pas les bras si les premiers essais ne sont pas tout de suite couronnés de succès.
Sur le plan éducatif, le chien peut être comparé à un petit enfant. Il est dépendant de vous sa vie durant mais, contrairement à l'enfant, il ne sera jamais en mesure de penser de façon autonome. Acquérir un chien implique donc que vous allez devoir consacrer 10 à 15 ans de votre vie à un animal qui sera toujours dépendant de son chef de meute, c'est-à-dire vous !

Offrez-lui un coin bien à lui, il s'y reposera avec plaisir.

Le plus beau cadeau qu'on puisse faire à un chien ? L'emmener en vacances en famille.

Lui apprendre la rue

Pour le protéger des dangers de la rue, il est bon :

• que votre chien ne tressaille pas au passage des autobus ou des voitures ;

• qu'il ne fasse pas un bond sur le côté lorsqu'un groupe de gens vient à sa rencontre ;

• qu'il n'ait pas peur des objets, par exemple un sac en plastique que le vent pousse devant lui sur le trottoir.

Encouragez votre chien à affronter les situations qui lui inspirent de la peur en lui faisant sentir que vous ne percevez aucun danger. Inutile donc d'éviter les obstacles et les autres chiens en faisant un grand détour. Passez devant en marchant d'un air détaché, sans ralentir ni presser le pas, en évitant de tirer le chien vers vous. S'il trouve le courage de flairer l'objet de ses craintes, laissez-le faire.

À l'inverse, évitez de consoler un chien peureux en lui disant par exemple : « Calme-toi, tout va bien. » Vous ne feriez que le conforter dans sa peur, et le problème réapparaîtra lorsque la même situation se présentera à nouveau. Et surtout, ne prenez pas votre chien dans vos bras chaque fois qu'un chien inconnu se présente au coin de la rue. Dans les bras de son maître, même le plus petit des chiens se découvre tout à coup un courage de lion !

INTERPRÉTER SES ATTITUDES

Voici comment les chiens communiquent avec leurs semblables, mais aussi avec leurs maîtres.

Un chien a cette attitude

Que veut-il exprimer ?

Comment répondre à son attente ?

Il dort dans sa corbeille.

Il a besoin de se reposer.

Ne le dérangez pas !

Il gratte la terre.

Il a flairé une trace intéressante.

Laissez-le faire, sauf s'il s'en prend à vos plates-bandes !

Ces deux chiens se flairent longuement.

Vont-ils s'apprécier ?

N'intervenez qu'en cas d'agressivité.

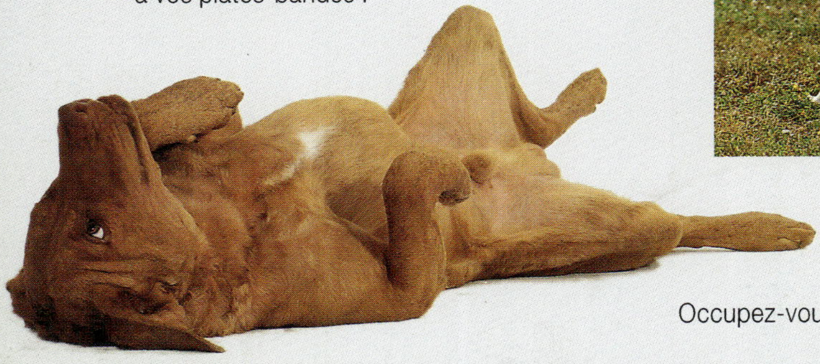

Celui-ci se roule sur le dos.

Il veut qu'on le cajole.

Occupez-vous de lui le plus souvent possible.

Trois chiens s'approchent jusqu'à se toucher le nez.

C'est le début d'une rencontre.

Laissez-les faire, c'est ainsi que les chiens font connaissance.

Deux petits chiens aboient après un gros.

La présence de leur maîtresse les rend forts.

Éloignez les chiens les uns des autres.

Cet autre fait un plongeon dans l'eau.

Beaucoup de chiens aiment l'eau et nagent avec plaisir.

Ne privez pas votre chien d'un bon bain.

Celui-ci observe un coq avec curiosité.

Depuis sa naissance, il est habitué à rencontrer d'autres animaux.

Observez-les et jouissez du spectacle

Ce chien montre les dents, ses oreilles sont plaquées.

Il se sent en insécurité, la peur le rend agressif.

Il est probable qu'il n'a pas été bien socialisé.

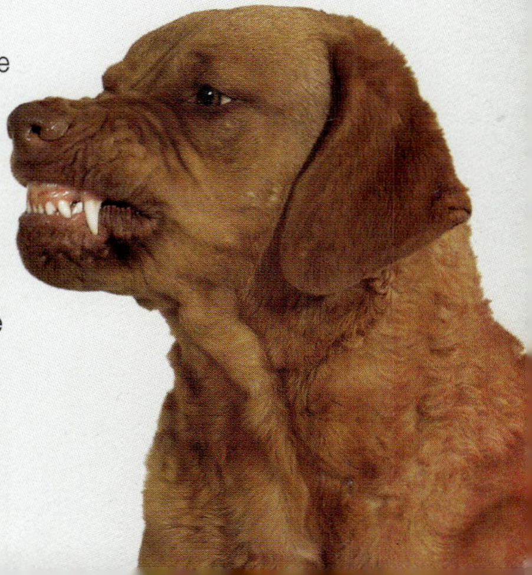

La propreté

Si vous voulez emmener votre chien en vacances, il faut d'abord qu'il soit propre. Un animal adulte en bonne santé est capable de se retenir plusieurs heures sans sortir. Par ailleurs, d'une manière générale, les chiens préfèrent se soulager sur une surface moelleuse, par exemple de l'herbe.

Dès le début, vous devez habituer votre chien à se soulager dans un endroit approprié – dans l'herbe ou dans le caniveau. Environ 2 à 3 semaines sont nécessaires pour qu'un chiot soit propre. À condition, bien sûr, que vous vous occupiez assidûment de lui.

• Sortez votre chiot ou votre jeune chien après chaque repas et toutes les 2 heures dans la journée, même s'il ne semble pas montrer beaucoup d'empressement. Inutile de l'emmener faire de grandes promenades, le principal est que votre chien puisse se soulager régulièrement.

• Sortez également votre chiot ou votre jeune chien à son réveil et juste avant d'aller se coucher.

Un regard confiant, sans trace d'agressivité, est le signe d'un comportement équilibré.

• Amenez-le à l'endroit où il peut se soulager – si possible, un carré d'herbe verte, et en tout cas pas au beau milieu du trottoir.

• Si vous surprenez le chiot en train de se poser sur le tapis moelleux du salon pour faire ses besoins, soulevez-le et portez-le hors de la maison.

• Agissez de même, lorsque vous constatez qu'il s'est soulagé à l'intérieur à votre insu.

• Si vous ne le prenez pas sur le fait, inutile de le punir. Ignorez plutôt les faits et ne nettoyez pas en sa présence, il penserait qu'il s'agit d'un jeu.

• Espacez progressivement à 3, 4 et enfin 5 heures l'intervalle entre les promenades.

Conseil : lorsqu'un animal fait ses besoins n'importe où, ce n'est pas lui qu'il faut incriminer. C'est le fait d'un maître irresponsable et peu soucieux de respecter l'environnement.

Un bon comportement social

Lorsqu'un chien en bonne santé est habitué, dès son plus jeune âge, à suivre son maître partout et à rencontrer d'autres humains et animaux, il acquiert un bon comportement social. Aussi, donnez régulièrement l'occasion à votre chien de jouer librement avec ses congénères et d'être en contact avec d'autres humains. C'est le meilleur moyen pour lui d'apprendre à bien se comporter en société.

• Généralement, lorsque plusieurs chiens vivent ensemble, il se crée rapidement une hiérarchie, mais certains animaux cherchent sans cesse à remettre en question l'ordre établi. Certes, cela se produit également dans une meute sauvage, mais dans ce cas des limites bien précises sont aussitôt redéfinies par les animaux dominants. Vous devez agir de la même façon avec votre chien : si vous

Mis en contact très tôt, chiens et enfants deviennent vite des compagnons inséparables.

renoncez à être le chef de meute, ou si vous ne remplissez pas bien ce rôle, votre chien prendra la tête de la famille-meute.

• Si vous constatez en revanche que votre chien ne fait qu'aboyer après les autres chiens, c'est la plupart du temps un signe de peur. Un chien courageux n'agit pas de cette façon. Dans ce cas, vous devez le réprimander fermement pour qu'il cesse ses aboiements intempestifs.

• Autre comportement à éviter : certains propriétaires de grands chiens ont la fâcheuse habitude, dès qu'ils aperçoivent un chien, d'éviter la confrontation ou de masquer les yeux de leur animal, par peur, sans doute, qu'il ne s'en prenne à un plus petit que lui. Une éducation précoce et une bonne socialisation du chiot auraient été des solutions beaucoup plus efficaces.

Le chien et les enfants

Il est fréquent que des chiens qui grandissent parmi des personnes adultes éprouvent de la crainte, voire de la peur face aux enfants. Dans la plupart des cas, c'est parce que les enfants s'agitent, font du bruit, et que les chiens n'y sont pas habitués.

Vous avez donc intérêt à ce que votre chien rencontre régulièrement des enfants, même si vous n'en avez pas. C'est le meilleur moyen pour lui d'acquérir un comportement calme et pacifique vis-à-vis d'eux.

En outre, vous devez lui faire comprendre, dès le début, que les enfants sont placés au-dessus de lui dans la hiérarchie.
Mais les enfants doivent également se comporter avec le chien de manière adaptée.
- On ne dérange pas un chien lorsqu'il dort dans son panier ou lorsqu'il a tout simplement envie d'être tranquille.
- On ne le dérange pas non plus quand il mange.
- Il ne faut en aucun cas lui faire du mal : le chien est un être vivant et non un jouet.

En imposant ces règles, vous éviterez que le chien ne soit poussé à se défendre.
Si vous avez de très jeunes enfants, ne les laissez jamais jouer avec un chien sans surveillance.

Le chien et les autres animaux

L'idéal est de familiariser le chiot très tôt avec les autres animaux de la maison.
La plupart des chiens acceptent volontiers la présence d'autres espèces (oiseaux, chat...), c'est une question d'habitude : lorsqu'ils sont élevés ensemble, il y a même de grandes chances que naisse entre eux une amitié durable, ils ne se feront pas de mal.

Si, lors de vos promenades, vous longez un pré à vaches ou à chevaux, laissez à votre chien la possibilité de faire connaissance avec ces grands animaux.

L'habituer aux transports

Il vaut mieux habituer le chiot très jeune à voyager dans les transports en commun.
Faites-lui prendre, aussi souvent que possible, la voiture, mais aussi le bus et le train – même si dans votre vie quotidienne vous n'êtes pas obligé d'y avoir recours. Vous pourrez être amené à les emprunter plus tard, par exemple sur votre lieu de vacances.
Pour les trajets en voiture, vous devez veiller à ce que le chiot :
- ne soit jamais assis sur le siège avant ;
- ne soit jamais assis sur les genoux du conducteur, même s'il pleure ;
- ne soit jamais couché sur le plancher à l'avant de la voiture.

Ces mauvaises pratiques n'apprennent pas au chiot à bien se tenir en voiture.
En outre, en cas d'accident, l'assurance ne prendra pas en charge les blessures de votre animal s'il est prouvé qu'il n'était pas assis en sécurité dans la voiture.
Sachez enfin que dans la plupart des pays européens, la loi exige que les chiens soient placés dans un panier de transport, ou portent un harnais de sécurité solidement fixé à la banquette arrière.
Pour que votre chien supporte le mieux possible les trajets en voiture, retenez ces points essentiels :

Pour un chien socialisé, la rencontre avec d'autres espèces animales est une aventure.

• Emportez une couverture et son jouet préféré pour le voyage.
• Prévoyez de faire une pause toutes les 2 heures pour lui donner l'occasion de prendre l'air, de se dégourdir les pattes et de faire ses besoins.
• Évitez une ration alimentaire trop copieuse avant le départ, la plupart des chiens supportent mieux les trajets en voiture s'ils ont l'estomac léger. Si votre chien est sujet au mal d'auto et vomit souvent, n'hésitez pas à lui donner, avant le départ, un antinauséeux prescrit par votre vétérinaire.
• Pensez, pour les longs trajets, à emporter une bouteille d'eau et un bol, afin de l'abreuver.
• Abstenez-vous de fumer pendant le trajet.
• Veillez à la bonne aération de l'habitacle. Un chien supporte mieux la climatisation ou le toit ouvrant que le courant d'air provoqué par des vitres ouvertes.
• Si vous voyagez en été, ne laissez jamais votre chien enfermé seul dans un véhicule garé en plein soleil, fût-ce pour un temps très court. Même si les vitres sont entrouvertes, la température intérieure de l'habitacle peut atteindre rapidement 50 °C.

La marche en laisse

Elle signifie que votre chien doit vous suivre – et non le contraire. Actuellement, on voit de plus en plus de chiens circuler librement sur la voie publique dans les grandes villes. Dans un environnement inconnu ou dans une rue à forte circulation, toutes sortes de dangers guettent nos petits compagnons. Sachez qu'en ville le port de la laisse est obligatoire – même pour les chiens très bien éduqués. Hélas ! nombreux sont les propriétaires qui préfèrent ignorer cette prescription.

CONSEILS

Le rôle éducatif de la laisse

Durant la phase d'éducation, le chien doit être tenu en laisse jusqu'à ce qu'il exécute parfaitement tous les ordres.
La laisse est un lien entre le chien et le maître. C'est l'élément rassurant qui lui permet, au début, de surmonter ses appréhensions face à l'inconnu. Par ailleurs, si le chien court librement, le maître n'a aucune chance de le corriger lorsqu'il n'exécute pas un ordre.
Pour habituer un jeune chien à marcher en laisse, il faut :
• Une laisse de cuir résistante. Les laisses en matière synthétique et les modèles à enrouleur sont trop légers, ils conviennent mieux aux chiens qui maîtrisent déjà tous les ordres.
• Un collier « éducateur ». Il s'agit d'une double chaîne métallique qui exerce une traction limitée. Le collier n'étrangle pas le chien lorsqu'il tire sur la laisse, mais il lui transmet un coup sec, tandis que vous lui ordonnez « au pied » ou « non ». Ainsi, le chien sait qu'il s'écarte trop de vous. S'il tire, arrêtez-vous brusquement. La traction lui fera comprendre qu'il doit marcher au pied, c'est-à-dire près de vous. L'important est que l'ordre et l'action soient synchrones. En fin d'apprentissage, la laisse doit être souple, jamais tendue. C'est à cela que l'on reconnaît un chien bien éduqué.
Conseil : le chien ne doit jamais jouer avec sa laisse, il doit la regarder comme un objet éducatif.

Les règles de base

- Employez toujours le même terme pour chaque ordre.
- Prononcez les ordres d'une voix claire et calme. Inutile de crier. Selon votre intonation, l'animal sait déjà si vous le félicitez ou le réprimandez. L'expérience montre que le chien réagit mieux aux voix graves qu'aux voix suraiguës.
- Les ordres doivent être brefs et énergiques. De longs discours ne feraient que l'embrouiller.
- Dès qu'il s'est exécuté, félicitez-le chaleureusement ou récompensez-le d'un jouet, d'une friandise ou de caresses.
- Les compliments et les réprimandes doivent suivre immédiatement l'action concernée, car le chien relie la réaction de son maître à ce qu'il vient de faire.
- Soyez cohérent afin de ne pas jeter le trouble dans son esprit. Par exemple, ne lui interdisez pas aujourd'hui de grimper sur le canapé, si vous le lui avez permis hier.
- Levez tous les ordres (ce n'est pas à lui d'en prendre l'initiative) en lui disant par exemple « va jouer ».

Un endroit bien à lui

Que vous habitiez en appartement ou en maison, votre chien doit avoir un « coin » à lui, où il pourra se retirer pour se reposer. Mettez à sa disposition quelques jouets et des os à mâcher qui l'occuperont pendant votre absence et l'empêcheront de s'en prendre, par ennui, à vos meubles et bibelots.

L'ordre « assis »

Le chien, tenu en laisse, se tient à votre gauche. Prenez la laisse dans votre main droite et tirez-la en arrière tout en ordonnant « assis » et en exerçant, de votre main gauche, une pression sur son arrière-train. Une fois le chien assis, récompensez-le d'une friandise tirée de votre poche droite afin de lui apprendre à lever les yeux vers vous.

Dressez votre chien à s'asseoir chaque fois que vous vous arrêtez, par exemple avant de traverser une rue.

Un chien doit apprendre très tôt à bien se tenir au restaurant.

L'ordre « couché »
Lorsque le chien a saisi le sens de l'ordre « assis », passez à l'ordre « couché ». L'animal étant assis, posez doucement une friandise sur le sol devant lui, de telle sorte qu'il ne puisse l'atteindre qu'en s'allongeant. Amenez-le ainsi dans la position couchée en appuyant fermement de la main gauche sur son garrot et en ordonnant « couché ». Dès qu'il s'est exécuté, félicitez-le ou caressez-le. Recommencez l'exercice jusqu'à ce que le chien s'allonge spontanément. Cet ordre est utile dans tous les cas où votre chien doit vous attendre en position de repos, par exemple au restaurant.

L'ordre « pas bouger »
L'ordre « pas bouger » est la suite logique des deux exercices précédents, « assis » et « couché ». Le chien étant toujours tenu en laisse, le but est de lui apprendre à garder la position choisie, même en votre absence. Tant que l'animal ne maîtrise pas cet exercice, vous devez vous éloigner à reculons sans le quitter des yeux. S'il tente de se relever, corrigez-le en répétant l'ordre « assis, pas bouger » ou « couché, pas bouger ». Au début, éloignez-vous seulement de 20 centimètres – le chien doit rester immobile quelques secondes –, puis revenez vers lui. Félicitez-le chaleureusement ou récompensez-le d'une friandise. Ensuite, multipliez les séances en vous éloignant progressivement.

Marcher au pied
Avant de commencer cet exercice, placez quelques friandises dans votre poche droite de façon que votre chien vous voie faire.
Le chien marche à votre gauche. S'il s'écarte trop de vous, tirez sèchement sur la laisse en disant « au pied ». S'il s'exécute, récompensez-le d'une friandise. Vous constaterez que votre chien comprend très vite ce que vous attendez de lui et qu'il lève les yeux vers vous avec intérêt chaque fois que vous ordonnez « au pied ». Cet ordre est très utile lorsque vous croisez d'autres chiens dans la rue.

Les ordres visuels
Tous les ordres que nous venons de voir peuvent être renforcés d'un geste. Par exemple, l'index pointé vers le haut signifie « assis », pointé vers le bas, il veut dire « couché ». Le bras baissé, paume de la main face au sol, signifie « pas bouger ». Si le chien est habitué à recevoir les ordres de la voix et du geste, vous pourrez par la suite lui apprendre très facilement à les exécuter en suivant vos seuls gestes.

L'ORGANISATION DES VACANCES

C'est décidé, vous allez emmener votre chien avec vous en vacances. N'attendez pas la veille pour les préparer : il ne suffit pas de trouver un lieu de séjour où toute la famille se sentira bien, vous devez aussi réfléchir à la manière de vous y rendre.

L'idéal est d'organiser les vacances de votre famille, et donc de votre compagnon à quatre pattes, quelques mois avant le départ. Les premières décisions que vous allez devoir prendre concernent le lieu de séjour, le mode d'hébergement et le transport. En temps normal, ces différents éléments ne posent aucun problème. Mais lorsqu'on part avec son chien, cela peut devenir plus délicat.

Les spécificités de la race

Lorsque vous décidez du lieu de votre séjour, pensez aux dispositions naturelles de votre chien : sont-elles compatibles avec vos passe-temps et vos exigences ? L'idéal, évidemment, est de réfléchir à la question avant l'adoption du chien : il va de soi que toutes les races de chiens ne sont pas aptes à faire de la randonnée en montagne ou à lézarder des heures durant sur une plage du Midi. Discerner les qualités des corniauds est une tâche délicate, car les diverses races qui ont présidé à leur naissance sont souvent indéterminées. En revanche, chez les chiens de race, les traits de caractère et les aptitudes naturelles spécifiques à la race sont plus faciles à définir. Ainsi, au moment de l'achat, vous savez déjà si votre chien aime courir, s'il est doué pour la chasse, ou s'il a une prédilection pour l'eau.

Le climat du lieu de vacances entre aussi en ligne de compte. La plupart des races de chiens supportent difficilement les grosses chaleurs et se sentent mieux dans une région au climat tempéré (jusqu'à 25 °C) plutôt que dans un endroit où le thermomètre frise 40 °C à l'ombre.

En voiture, la cage de transport est la meilleure protection pour les chiens.

Un lieu de vacances « ami des chiens »

Voyager avec son chien n'apporte aucun plaisir ni aucune détente si l'on se fait refouler partout. Si vous souhaitez passer des vacances à l'étranger avec votre chien, vous pouvez déjà déduire, d'après les formalités exigées à l'entrée du pays (voir p. 36), si les chiens y sont les bienvenus ou non. Autrement dit, plus les conditions d'entrée sur le territoire sont strictes, plus il y a de chances qu'on y préfère les touristes sans quadrupèdes.

Prendre un bain de soleil après une douche fraîche : c'est ça la vraie vie !

Le risque de contagion
Autre point important à considérer avant de fixer votre choix sur un lieu de séjour : les maladies ou épidémies qui menacent votre chien. Dans certains pays du sud de l'Europe sévit la dirofilariose (le ver du cœur). La maladie se transmet d'un chien à l'autre par les moustiques.
Lorsqu'un chien est infesté, la maladie évolue le plus souvent vers la mort.
Seul un traitement préventif, administré plusieurs semaines avant le départ, peut prévenir la contagion. C'est pourquoi il est important de contacter très tôt votre vétérinaire, et de l'interroger sur les risques encourus par votre chien dans la région où vous vous rendez. Vous aurez ainsi tout le temps de prendre les mesures préventives qui s'imposent.

L'hébergement
Vous pouvez connaître les hôtels, auberges et autres locations qui acceptent les chiens par le biais des petites annonces qui paraissent régulièrement dans la presse spécialisée. Les agences de voyages de votre ville ou les offices du tourisme des lieux de vacances sauront également vous indiquer des adresses où les chiens sont les bienvenus. Le choix de l'hébergement dépend de divers facteurs (voir p. 33) :

quand on a un chien, il est agréable de pouvoir jouir d'une certaine liberté et d'avoir suffisamment de place ; mais il faut aussi tenir compte des particularités et des habitudes de l'animal.

« Chiens acceptés »

Si à la question : « Acceptez-vous les chiens ? », on vous répond par l'affirmative, que devez-vous comprendre exactement ? Sans doute pensez-vous qu'un client accompagné d'un chien ne doit pas être traité autrement ni plus mal qu'un client qui voyage sans animal de compagnie. Votre chien est bien élevé et il peut vous suivre sans problème dans n'importe quel restaurant. Mais vous devez aussi accepter que la salle de restaurant d'un hôtel ou d'une pension lui soit interdite.
Tout propriétaire de chien conscient de ses responsabilités ne peut que s'insurger contre le fait de devoir acquitter un supplément d'hébergement pour son chien, sans qu'on lui offre de prestation en contrepartie.
La raison invoquée – le quadrupède salirait davantage l'établissement que les humains, et cela occasionnerait un surplus de ménage – est difficile à admettre, d'autant qu'on n'a encore jamais vu un hôtelier prier ses clients bipèdes de retirer leurs chaussures à la réception.
En revanche, on peut concevoir de payer un supplément pour son chien, si l'on se voit proposer une prestation en échange, par exemple un set avec deux écuelles ou bien une friandise pour lui. De plus en plus de loueurs ont compris que les chiens sont des « clients » souvent moins compliqués que certains humains. Ils ne réclament pas de supplément d'hébergement et offrent néanmoins une prestation à leurs hôtes quadrupèdes. Voilà ce qu'on peut appeler une politique favorable aux chiens. Ainsi, bon nombre d'hôtels ont su se mettre à la portée de leurs clients à quatre pattes, allant même jusqu'à mettre à leur disposition un terrain d'exercices.
En Fance, ce type de prestations hôtelières est encore assez peu courant mais il se développe. On le trouvera plutôt dans les gîtes ruraux.
On constate souvent que, dans les hôtels de catégorie supérieure, le chien est rarement perçu comme un élément perturbateur. Certains voyagistes proposent aux propriétaires de chiens des voyages en groupe, qui prévoient entre autres une assurance annulation pour le chien.

À la plage, le chien peut lui aussi être victime d'un coup de chaleur.

L'hôtel, la location, le camping

L'hôtel, l'auberge ou la pension

Ce type d'hébergement suppose que le chien soit accoutumé à voir beaucoup de monde et à entendre toutes sortes de bruits. Lorsque le propriétaire du chien vit dans une maison individuelle, son animal n'est généralement pas habitué à ce que des pas résonnent au-dessus de sa tête ou dans la chambre voisine, ni à ce qu'on claque les portes. Il peut arriver alors que le chien donne de la voix dans l'hôtel chaque fois qu'il entend du bruit. Ces aboiements intempestifs auront tôt fait de susciter la colère des autres clients, et on les comprend. En revanche, pour les chiens accoutumés à voir des étrangers et d'autres chiens, le séjour en hôtel, auberge ou pension ne pose aucune difficulté.
Dans la plupart des hôtels, les chiens ne sont pas admis dans la salle du petit déjeuner, surtout s'il s'agit d'un buffet. Dans ce cas, l'animal doit être capable de rester seul un moment dans la chambre sans faire de bêtises. En revanche, de nombreux établissements autorisent les chiens à accompagner leurs maîtres dans la salle de restaurant, pour le déjeuner ou le dîner, ainsi qu'au salon.
Pour ceux qui préfèrent disposer d'un appartement tout en bénéficiant d'une demi-pension, l'hôtel-résidence est la formule idéale.

Louer une maison

Si vous logez votre chien en chenil tout au long de l'année, il est exclu qu'il descende avec vous dans un hôtel. Cette remarque vaut également pour les chiens qui, ayant un fort instinct de défense du territoire, sont de bons gardiens et peu habitués à recevoir la visite d'autres humains que leurs maîtres. Ces quadrupèdes-là seront plus à l'aise dans une maison de vacances qui, éventuellement, possède un chenil sur le terrain.
La location d'un appartement ou d'une maison vous offre, bien évidemment, une plus grande indépendance, mais la préparation des repas vous incombe. Toutefois, cette formule présente un avantage notable : celui de vous épargner la peine de chercher un restaurant qui accepte les chiens.

Le camping

De nombreux propriétaires de chiens optent chaque année pour le camping. Pourtant, trouver un terrain de camping qui accepte les chiens n'est pas chose facile, surtout en haute saison. Quant au camping sauvage, rares sont les pays qui l'autorisent officiellement, bien qu'il soit assez répandu.

Si vous devez le laisser seul un moment, ses jouets lui feront paraître le temps moins long.

À la campagne, les tentations sont nombreuses pour un chien de chasse, et il est parfois plus sûr de le tenir en laisse.

Conseil : pour plus de sûreté, n'oubliez pas de préciser, au moment de la réservation, que votre chien vous accompagne. Vous vous épargnerez ainsi le désagrément de devoir, tard le soir, après un long voyage, vous mettre en quête d'une nouvelle place.

L'emmener à la montagne

Emmener son chien à la montagne exige une organisation particulièrement soignée, bien qu'un chien ait en principe le pied plus sûr qu'un humain et que l'on puisse parcourir avec lui de nombreux sentiers de grande randonnée.

• Procurez-vous à temps le matériel cartographique et les guides de randonnées. Si vous faites un circuit en haute montagne, étudiez soigneusement les itinéraires.

• Il est rare de pouvoir dormir avec son chien dans les refuges de haute montagne car, en général, ils ne disposent pas de chambres individuelles, mais uniquement de dortoirs. Aussi est-il préférable de prévoir une randonnée d'une journée en altitude.

CONSEILS

Sachez vous organiser

C'est décidé, votre chien part avec vous en vacances. Pour éviter les mauvaises surprises, vous devez les préparer.

• Pour obtenir la liste des hébergements et des modes de transport qui acceptent les chiens, adressez-vous aux syndicats d'initiative et aux offices du tourisme étrangers. Consultez également la presse spécialisée.

• Pour connaître les tarifs de train ou d'avion, adressez-vous directement à la SNCF, aux compagnies aériennes ou aux agences de voyages.

• Vous pouvez obtenir les numéros de téléphone des refuges auprès des syndicats d'initiative concernés, afin de vous renseigner auprès des gardiens sur les possibilités d'y passer la nuit avec un chien.

• On rencontre encore du gibier en montagne. Si votre chien a un fort instinct de chasse, ou s'il n'obéit pas à vos ordres, mieux vaut le tenir en laisse pour protéger la faune sauvage.

• Lors d'une randonnée en altitude, si votre chien n'est pas en laisse, il ne doit jamais s'éloigner de vous de plus de 2 mètres. Il doit vous attendre à chaque tournant du chemin et vous ne devez jamais le perdre de vue. Sur un sentier étroit, il y a toujours le risque qu'un randonneur, venant en sens inverse, prenne peur en voyant votre chien bondir vers lui joyeusement, et ne chute en faisant un faux pas.

• Lorsque vous allez en montagne, pensez à emporter pour votre chien une petite trousse de secours et une nourriture reconstituante. Étudiez la carte pour voir si le sentier passe près d'un ruisseau ou d'un lac ; vous pourrez ainsi y puiser de l'eau pour l'abreuver en chemin.

• Adressez-vous au bureau des guides ou au syndicat d'initiative du lieu concerné pour savoir si les itinéraires sont faisables par un chien et quelles en sont les difficultés (franchissement d'une crête, passages délicats, traversée d'un glacier).

• À savoir : les chiens sont interdits dans les parcs nationaux et régionaux.

Au moment de la réservation...

• Ne dissimulez jamais le fait que vous voyagez avec un chien. Vous prendriez le risque de vous voir refuser l'accès de l'hôtel ou du camping, ce qui en période d'affluence peut s'avérer problématique.

• Précisez la taille exacte de votre chien.

• Demandez une confirmation écrite de la réservation, mentionnant la présence du chien, et ce, qu'il s'agisse d'un hôtel, d'une location ou d'un camping.

Si vous voyagez fréquemment avec votre chien, vous aurez l'occasion de rencontrer de nombreux loueurs et vous constaterez que, souvent propriétaires d'animaux eux-mêmes, ils sont disposés à fournir à leurs clients toutes les informations utiles. Pensez en particulier à poser les questions suivantes :

• Le chien est-il le bienvenu et sera-t-il autorisé à partager votre chambre ? Certains hôtels et locations qui disposent de chenils interdisent l'accès des chambres aux chiens de grande taille, et beaucoup trop d'hôteliers sont encore persuadés que seuls les petits chiens ne posent pas de problèmes.

10 RÈGLES D'OR
pour des vacances réussies

1 Planifiez vos vacances quelques mois avant la date de départ.

2 Renseignez-vous, plusieurs mois avant le départ, au sujet des formalités douanières et sanitaires du pays où vous comptez vous rendre.

3 Dans vos projets, tenez compte de vos centres d'intérêt mais aussi des besoins spécifiques de votre chien.

4 De préférence, partez avec votre chien en dehors des périodes d'affluence, voire en basse saison. Les lieux de vacances sont alors moins bondés, les hôteliers et les vacanciers plus tolérants vis-à-vis des hôtes accompagnés d'un chien.

5 Le jour du départ, évitez de partir à des heures où vous risquez d'être pris dans des embouteillages sur l'autoroute ou à la frontière, par une température caniculaire.

6 Prenez des renseignements sur le lieu de séjour et l'hébergement : demandez s'il existe un cabinet vétérinaire sur place, ou sinon où se trouve le plus proche.

7 Programmez la manière dont vous allez voyager suffisamment tôt pour pouvoir prendre toutes les dispositions nécessaires.

8 Dressez une liste de tous les objets que vous devez emporter pour votre compagnon.

9 Demandez à votre vétérinaire de vous préparer une petite pharmacie de voyage (voir p. 38).

10 N'attendez pas la veille du départ pour faire examiner soigneusement votre animal et le faire vacciner (voir p. 45).

Faire du camping est une aventure à la fois pour les hommes et pour les chiens.

• Le chien pourra-t-il vous accompagner dans la salle du petit déjeuner, et au restaurant de l'hôtel pour les deux autres repas ? Sinon, devra-t-il rester tout seul dans la chambre ?
• L'hôtel exige-t-il un supplément pour les chiens ? Si oui, de quel montant ? Fournit-il une prestation en échange de la somme exigée (terrain d'exercices, chenil, etc.) ?
• Y a-t-il dans la localité de vacances un vétérinaire ou un dispensaire pour animaux ?
• Existe-t-il à proximité de l'hébergement un lieu où les chiens sont autorisés à faire leurs besoins ?
• Y a-t-il dans les environs des chemins touristiques où vous pourrez faire des balades avec votre compagnon ?
• Le port de la laisse est-il obligatoire ? Y a-t-il un endroit où les chiens sont officiellement autorisés à courir librement ?
• Y a-t-il à proximité une animalerie où vous pourrez, le cas échéant, trouver de la nourriture pour votre chien ou bien lui racheter une laisse, si vous perdez la sienne ?

Le voyage

Une fois le lieu de vacances choisi et la question de l'hébergement résolue, se pose alors le problème du moyen de transport. Plusieurs possibilités s'offrent à vous (voir tableau p. 37).

Dans les régions chaudes, une pause à l'ombre est toujours la bienvenue.

En voiture

C'est certainement la solution la plus commode et la plus familière à la plupart des chiens.

Que vous ayez choisi de passer vos vacances en France ou dans un pays voisin, vous avez intérêt dans tous les cas à prendre votre propre voiture car ainsi :

• vous pourrez vous rendre n'importe où ;

• une fois sur place, la voiture vous garantira flexibilité et autonomie ;

• vous ne débourserez aucun frais supplémentaire pour le chien.

Pour que tout se passe bien, vous devrez respecter un certain nombre de précautions :

• Pour que votre chien puisse affronter un long voyage, prévoyez de faire une pause toutes les 2 heures.

• Si vous devez laisser le chien seul dans la voiture, entrouvrez légèrement une fenêtre de telle façon qu'il puisse y passer le museau mais pas la tête.

Par temps chaud, ne laissez jamais votre chien enfermé dans la voiture, même les vitres entrouvertes.

• Selon le nombre de passagers et la masse de bagages, il se peut que la place manque à l'intérieur du véhicule. Si vous pouvez le prévoir, n'attendez pas le dernier moment pour vous procurer une galerie et l'installer avec son chargement sur le toit de la voiture. L'important est que votre chien ait suffisamment de place pour pouvoir se lever, s'asseoir ou se retourner, si le voyage est long.

• Durant le voyage, le chien peut être installé sur la banquette arrière dans un panier de transport en plastique (voir photo p. 34). Sinon, vous devrez utiliser un harnais de sécurité (voir photo p. 36) commercialisé dans les animaleries. Ce dernier dispositif assure la sécurité maximale car s'il n'est pas tenu, le chien peut, en cas d'accident, gêner les opérations de sauvetage sous l'effet de la panique, par exemple si le conducteur est inconscient ou coincé. De plus, il ne risquera pas, en chahutant dans la voiture, d'ouvrir une portière et de s'échapper sur la route. Enfin, il ne pourra pas, lors d'un arrêt, bondir hors de la voiture au risque de provoquer un accident ou de se faire écraser.

• Pour empêcher qu'un coup de frein brusque ne projette le chien vers l'avant et qu'il ne se blesse ou blesse les passagers, vous devrez installer une grille fixe (voir photo p. 22) séparant les sièges avant de la banquette arrière, ou isolant le coffre dans un break. Il faut savoir en effet que les filets pare-chien, que l'on place entre les sièges avant et la banquette arrière, ne constituent pas une protection suffisante lors d'un choc à 50 km/h : la violence du choc peut soit précipiter le chien dans le filet et donc contre les sièges avant, soit projeter le filet et le chien vers l'avant du véhicule.

• Pour ceux qui disposent d'un break, les magasins spécialisés proposent des solutions très confortables pour le chien, telles que les cages en bois ou les cages en métal (voir photo p. 22), qui conviennent à tous les modèles de voitures.

Avantage majeur de cette formule : le chien dispose de toute la surface du coffre… ce qui suppose évidemment que les bagages puissent être placés ailleurs dans ou sur le véhicule. Pendant le voyage, la cage en bois ne lui ferme pas la vue à l'arrière de la voiture, et la cage métallique lui offre même une vue panoramique.

L'expérience prouve que c'est le mode de transport qui offre le plus de sécurité pour l'animal. En règle générale, ces cages pour chiens ne sont utilisées que par les maîtres dont les chiens exercent une activité sportive régulière, la plupart des autres les trouvant « barbares ». Sans doute ne sont-ils pas bien conscients des dangers de la circulation et des réactions parfois imprévisibles que l'animal peut avoir en cas d'accident : que dire de ces

Vaincu par la fatigue après une journée de vacances bien remplie…

Tableau comparatif des types d'hébergement

Hébergement	Avantages	Inconvénients
Hôtel, pension	• Vous n'avez pas besoin de chercher un restaurant, si votre chien est admis dans la salle à manger de l'hôtel. • C'est une bonne formule si le chien est bien éduqué.	• Le chien doit être habitué aux bruits de fond. • L'espace est limité, surtout les jours de pluie. • Le chien a peu de liberté, par respect pour les autres clients. On exige de lui qu'il se tienne bien.
Hôtel-résidence, location d'appartement	• Vous pouvez prendre vos repas sans avoir à chercher un restaurant qui accepte les chiens. • Aucun problème de place. • La formule est moins coûteuse que l'hôtel.	• Vous avez la contrainte de faire vos courses et de préparer vos repas.
Maison de vacances	• Vous et votre chien êtes vraiment indépendants. Vous disposez d'un jardin ou d'un bout de terrain. • Vous n'avez pas besoin de chercher un restaurant qui accepte les chiens. • C'est une formule très économique, surtout si vous partagez la maison avec des amis.	• Vous avez la contrainte de faire vos courses et de préparer vos repas.
Caravane, mobil-home	• Aucun souci d'hébergement ni de restaurant. • Une fois sur place, vous pouvez laisser la caravane sur l'aire de stationnement et vous déplacer en voiture.	• Il faut trouver un terrain de camping qui accepte les chiens. • Les courses et les repas vous incombent. • Avec un mobil-home, vous devez utiliser les transports en commun.

Le vrai chien globe-trotter est habitué depuis tout petit à voyager en bus et en train.

situations dramatiques où, sous l'effet du choc, l'animal est pris d'une telle panique que les passants accourus n'osent pas ouvrir la portière de la voiture pour porter secours à ses maîtres ?

En caravane ou en mobil-home

De nombreux propriétaires de chiens optent pour cette formule de vacances qui laisse à chacun la liberté de faire ce que bon lui semble une fois sur place. Par ailleurs, à l'arrivée, elle épargne la peine de chercher un hébergement ou un restaurant qui accepte les chiens. Enfin, dernier avantage notable : la présence du chien n'entraîne aucun frais supplémentaire.

En train

C'est le mode de transport le plus pratique après la voiture ou la caravane. Vous échappez aux embouteillages. Vous pouvez lire ou regarder défiler le paysage, et vous arrivez frais et dispos à destination.

Si vous voyagez en couchette, votre chien peut être admis dans le compartiment. L'inconvénient est que peu de trajets sont directs, il faut parfois changer de train plusieurs fois. Lorsqu'on a des valises et un chien, cela peut devenir une véritable expédition.

Avantage notable : le prix du billet pour le chien est peu coûteux.

• Avec la SNCF, les chiens de petite taille (c'est-à-dire ne dépassant pas 6 kg environ et pouvant voyager dans un petit panier de grandeur maximale 45 x 30 x 25 cm) peuvent voyager dans leur panier moyennant un tarif forfaitaire de 32 F.
• Les chiens plus grands doivent voyager tenus en laisse et muselés. Il faut payer un billet égal à environ 50 % du plein tarif (cela varie en fonction des trajets). Pas de tarif avantageux si l'on achète directement un aller-retour.
Conseil : avant de partir en vacances avec votre chien, faites-lui faire de courts trajets en train, afin qu'il s'habitue aux bruits, au manque de place, aux va-et-vient de toutes sortes, et aux voyageurs. Il doit aussi apprendre à monter et descendre du train, et à se tenir sagement.

En avion

La plupart des lieux de vacances qui accueillent les chiens ne sont pas accessibles par avion : le vacancier qui débarque à l'aéroport est obligé de louer une voiture ou d'emprunter les transports publics.
En règle générale, l'avion ne dessert que les régions largement ouvertes au tourisme. Mais il fait gagner un temps considérable et devient une nécessité incontournable lorsqu'on veut franchir les océans.
Les conditions d'admission des chiens et les tarifs varient selon la compagnie aérienne. Vous avez donc intérêt à vous renseigner auprès de plusieurs compagnies et à comparer les prix. Attention, il existe un quota sur de nombreuses lignes (pas plus d'un chien en cabine). Aussi n'attendez pas le dernier moment pour réserver.
D'une façon générale, seuls les petits chiens (jusqu'à 5 kg, poids du sac compris) sont autorisés à voyager en cabine avec leurs maîtres. Certaines compagnies vous permettent même de prendre votre compagnon sur vos genoux, s'il est tenu en laisse - sauf au décollage et à l'atterrissage. Sinon, durant tout le vol, le chien doit être placé à vos pieds, dans un sac ou un panier de transport.
Ainsi, avec Air France, les chiens de moins de 5 kg peuvent voyager en cabine dans un sac clos, avec des trous pour l'aération, aux pieds de leur maître. Leur tête ne doit pas dépasser du sac.

CONSEILS

Ce qu'il faut emporter pour votre chien
Avant de partir, vérifiez que vous emportez bien les objets suivants :
• Si vous vous rendez l'étranger, vous devez avoir à portée de main les papiers de votre chien :
- certificat de bonne santé,
- carnet de vaccinations à jour,
- carte de tatouage.
• Munissez-vous d'une bouteille d'eau et d'un bol pour lui donner à boire.
• Pensez aussi à emporter un jouet ou un os à mâcher afin de l'occuper si le voyage est long.
• N'oubliez pas de vous munir de la trousse d'urgence (voir p. 38). L'excitation du départ et le voyage peuvent aussi provoquer des troubles digestifs. Il est donc prudent de glisser dans la trousse un antidiarrhéique et un antinauséeux prescrits par le vétérinaire.

Durant le voyage, le chien doit être attaché à une ceinture de sécurité sur la banquette arrière.

• Les chiens de plus de 5 kg doivent voyager en soute, dans une cage agréée IATA que le propriétaire doit se procurer lui-même en animalerie ou au comptoir de vente de l'aéroport.

Attention :

– il y a des quotas en cabine et en soute ;
– le prix varie en fonction du poids du chien (celui-ci étant considéré comme un excédent de bagage) ;
– certaines races sont interdites ; que ce soit en cabine ou en soute (notamment les bulldogs et les american staffordshire) ;
Le mieux est que le chien s'habitue progressivement à la cage chez vous.

Par ailleurs, il est conseillé d'administrer un calmant à l'animal avant son embarquement dans la soute. Vous n'êtes pas autorisé à vous occuper de lui pendant les escales. Il appartient à chaque maître de juger si son chien est disposé à subir le stress d'un voyage en avion. Du point de vue du quadrupède, l'avion n'est probablement pas le meilleur mode de transport, surtout s'il y a des correspondances et des retards de vol.

En ferry

Les chiens sont admis sur de nombreux ferries, notamment ceux qui desservent la Corse (voir p. 61). Mais toutes les compagnies maritimes n'autorisent pas le transport des chiens. Renseignez-vous auprès du bureau d'information des compagnies.

• Une fois à bord, vous pouvez soit laisser le chien dans la voiture, soit le mettre dans une cage de transport.
• Sur certaines lignes, il existe un périmètre prévu pour les promenades hygiéniques.
• Même sur un ferry, le chien doit acquitter son billet. Les tarifs sont très variables.
• En revanche, les chiens ne sont pas admis sur les navires de croisière.

Les formalités douanières

Beaucoup de pays acceptent l'entrée des chiens sur présentation du carnet de vaccinations, d'un certificat de bonne santé et d'un certificat de vaccination antirabique en cours de validité. Toutefois, les conditions d'admission sont plus ou moins strictes d'un pays à l'autre. Aussi, renseignez-vous le plus tôt possible auprès de l'ambassade, du consulat ou de l'office du tourisme du pays concerné.

Tableau comparatif des moyens de transport

Transport	Avantages	Inconvénients	Coût du voyage
Train	• Le voyage est agréable, sans le stress des embouteillages. • On peut expédier les bagages à l'avance.	• Les trajets ne sont pas toujours directs (correspondances). • Sur place, on dépend des transports en commun. • Pas de place assise : les chiens voyagent dans un panier, sur les genoux de leur maître, ou couchés par terre. • Le chien ne peut se soulager lorsque les arrêts sont courts.	Tarif forfaitaire de 32 F pour les petits chiens ; 50 % du prix d'un billet adulte pour les autres.
Voiture	• Permet d'aller partout directement. • Offre au chien suffisamment d'espace pour s'ébattre. • Arrêts à volonté. • Permet d'être autonome sur place.	• Embouteillages garantis les jours de grands départs. • En période d'affluence, attente interminable aux frontières.	Aucun.
Avion	• Permet d'atteindre très rapidement la destination.	• Peu de destinations accessibles directement. • Sur place, on dépend des transports en commun. • Seuls les chiens de moins de 5 kg sont autorisés à voyager en cabine. • Voyage stressant pour le chien.	Variable selon les compagnies.

Si vous n'avez pas la possibilité de vous déplacer, demandez qu'on vous faxe les informations ou qu'on vous les envoie par courrier.
Les ambassades des pays étrangers – qui sont pour la plupart à Paris – peuvent généralement vous renseigner sur la législation en vigueur.

- Dans les pays européens, la législation est généralement la suivante : pour être valable, la vaccination antirabique doit dater d'au moins 30 jours (avant la date d'entrée dans le pays), ou de moins d'un an. Le vaccin doit être certifié par un vétérinaire ou par la Direction des services vétérinaires (voir p. 61) de votre région.
- Dans certains pays européens, le port de la muselière et de la laisse sont obligatoires. Parfois, une simple muselière en matière synthétique suffit.
- Depuis peu, de nombreux pays exigent que le chien soit attaché avec un harnais de sécurité dans la voiture.
- Autre formalité : les pays scandinaves exigent qu'un bilan sanguin du chien soit effectué quelques semaines avant l'entrée sur leurs territoires.
- Pour vous rendre en Suède ou en Norvège, vous devez obtenir au préalable une autorisation d'entrée pour votre chien. En outre, certains ferries pour la Suède imposent des restrictions.
- Certains pays soumettent les animaux à une quarantaine très stricte. Mais il est maintenant possible d'éviter cette quarantaine grâce à l'identification par puce électronique associée à la vaccination antirabique.

La pharmacie de voyage

La trousse d'urgence doit pouvoir vous permettre de soigner les petits maux de votre compagnon ou, le cas échéant, de lui administrer les premiers soins en attendant l'intervention du vétérinaire. Elle doit contenir le nécessaire et vous devez toujours l'avoir à portée de main. Mais, dans un cas d'urgence, elle ne vous dispense pas de contacter un praticien.

Elle doit contenir :

- De l'ersatz d'iode et un baume apaisant pour soigner les petites plaies. Il est déconseillé d'utiliser de l'alcool ou de l'iode pour un chien.

Vif et joyeux, le chien veut être de la partie !

Après une longue promenade au grand air, attention aux épillets dans les pavillons auriculaires, au puces et aux tiques.

• Un collyre en cas de conjonctivite.
• Un antidiarrhéique et un antinauséeux.
• Des bandes de gaze élastique.
• Un thermomètre souple afin de pouvoir l'introduire facilement et sans risque.
Le thermomètre à affichage digital est muni d'un signal sonore qui vous indique après quelques secondes que vous pouvez le retirer.
• De la vaseline ou du talc, à utiliser pour soigner les coussinets de votre chien s'ils sont rugueux ou légèrement fendillés.
• Un antibiotique.
• Une pince à tiques.

Pour ce qui est du dosage des médicaments, pensez à toujours demander conseil à votre vétérinaire habituel.
Les remèdes issus de la médecine humaine indiquent des posologies pour enfants et pour adultes. En l'absence de notice, demandez-lui d'inscrire sur la boîte la dose à administrer.
Si votre animal rechigne à avaler des médicaments, essayez de mélanger les liquides ou les granulés à sa nourriture. Pour les comprimés, il suffit de les dissimuler dans un morceau de viande, c'est une vieille astuce qui fonctionne toujours.

LES PRÉPARATIFS

Vous avez étudié les différentes formules possibles, sélectionné celles qui pourraient vous convenir, compte tenu de vos goûts et des aptitudes naturelles de votre quadrupède. Maintenant que le « compte à rebours » a commencé, comment devez-vous, concrètement, vous organiser pour mettre toutes les chances de votre côté ?

Tous les membres de la famille se sont mis d'accord sur le type d'hébergement, la nature des activités à pratiquer en vacances, les destinations envisageables et la date de départ. Après avoir pris en considération les desiderata et les besoins de chacun, reste à trouver un lieu de séjour où les chiens sont bien accueillis, et bien sûr un logement adapté.
Pour cela, vous devez vous mettre en contact très tôt avec les offices du tourisme concernés et les agences de voyages, afin de vous faire envoyer la documentation relative à la région ainsi que la liste des hébergements.

La réservation de l'hébergement
L'étude des prospectus, guides touristiques et autre documentation vous a permis de sélectionner un certain nombre d'hébergements qui plaisent à tous les membres de la famille. Malheureusement les descriptifs n'indiquent pas toujours si les établissements acceptent les chiens. Et même lorsque cela est mentionné, vous devez encore téléphoner ou envoyer un fax pour obtenir des renseignements plus précis. Après plusieurs tentatives infructueuses, vous avez enfin au bout du fil un hôtelier ou un propriétaire qui se déclare prêt à accueillir votre compagnon à quatre pattes. N'hésitez pas à lui poser toutes les questions qui vous viennent à l'esprit au sujet des moyens d'accès et des conditions de séjour avec votre chien.
Quelques points à éclaircir (voir aussi p. 28) :
• Le chien est-il autorisé à dormir dans la chambre ?
• Si vous avez deux chiens, seront-ils tous les deux admis dans le logement ?
• Si votre chien vit habituellement en chenil, existe-t-il un chenil dans l'hôtel ?
• Votre chien sera-t-il admis dans la salle de restaurant de l'hôtel aux heures des repas ?
• Y a-t-il sur place un cabinet vétérinaire ? (Au cas où votre logeur ne saurait pas vous dire s'il y a un vétérinaire sur place, vous pourrez obtenir le renseignement auprès du syndicat d'initiative.)

Rares sont les chiens qui boudent la voiture, mais il faut les y habituer tout jeunes et prendre les quelques mesures de bon sens qui s'imposent pour le confort de tous.

CONSEILS

Les préparatifs étape par étape

Pour que ces vacances en famille avec le chien se passent bien, vous devez les organiser avec beaucoup de soin.

- N'attendez pas la dernière minute pour vous préparer et vous procurer tous les renseignements utiles. Cela est très important si c'est la première fois que vous partez avec votre chien, ou si l'animal est encore très jeune et inexpérimenté.
- Établissez une liste chronologique des tâches à effectuer que vous suivrez point par point.
- Pour trouver un hébergement, pensez à consulter la presse spécialisée. Les propriétaires de locations qui acceptent les chiens y passent régulièrement des annonces.
- Lorsque vous demandez des informations ainsi qu'au moment de réserver, soyez précis dans vos questions et ne vous contentez pas de réponses vagues.

- Existe-t-il, dans les environs de l'hôtel ou de la location, un périmètre où les chiens peuvent s'ébattre librement ?
- Y a-t-il à proximité des sentiers de promenade ?
- Doit-on obligatoirement arriver et repartir en fin de semaine ?

Ne négligez pas cette dernière question si vous prévoyez de partir en voiture. Car si vous avez la possibilité de voyager en semaine, vous échapperez aux traditionnels bouchons routiers du week-end.

Au moment de réserver, vous devez également tenir compte de l'état de santé et de l'âge de votre compagnon. Vous aurez à opter soit pour une location de plain-pied, soit pour une chambre d'hôtel située au rez-de-chaussée ou au premier étage si :

- votre chien n'a pas l'habitude de monter des escaliers ;
- sa santé ou son âge lui rendent pénible la montée des escaliers ;
- l'animal souffre d'incontinence urinaire ou de problèmes intestinaux qui nécessitent des sorties plus fréquentes – y compris la nuit ;
- le chien souffre d'une légère dysplasie de la hanche.

Cette série de questions vous permettra de sélectionner plusieurs logements parmi tous ceux qui vous sont proposés. Après quoi, vous n'aurez plus qu'à vous faire envoyer les prospectus et les tarifs de l'établissement ou de la location.

Important : une fois le logement retenu – peu importe que ce soit par écrit ou par téléphone –, demandez qu'on vous envoie une confirmation écrite, précisant clairement que votre chien est aussi accepté, et à quelles conditions.

La fièvre du départ, le stress des préparatifs... Un petit somme s'impose !

En cas de long trajet, prévoyez des pauses pour permettre au chien de boire et se dégourdir les pattes.

Le choix du mode de transport

Seconde étape : comment partez-vous ? Car, selon le mode de transport choisi, les préparatifs ne sont pas les mêmes (voir à ce sujet le tableau comparatif des moyens de transport, p. 37).

Vous voyagerez en voiture

- Si le chien n'est pas habitué aux trajets en voiture, vous devrez le familiariser, bien avant le départ, avec ce mode de transport.
- Au-delà de deux passagers, la voiture devient vite trop petite. Prévoyez, le cas échéant, d'installer une galerie sur le toit ou d'ajouter une remorque pour les bagages.
- De nombreux pays exigent désormais que les chiens soient protégés en voiture. Pour être en règle, il vous faudra donc acheter soit un harnais de sécurité, soit une cage de transport, soit une grille de séparation, et l'installer dans la voiture (voir p. 32).

Vous voyagerez en avion

- Réservez votre vol suffisamment tôt en signalant que vous êtes accompagné d'un chien. De nombreuses lignes aériennes n'acceptent qu'un seul chien en cabine par vol.
- Si vous avez un chien de grande taille, obligé de voyager en soute, habituez-le suffisamment tôt à la cage de transport.

Une pause à l'ombre pendant la promenade est toujours bienvenue.

• Pensez à lui faire prendre un calmant avant son entrée dans la soute. Votre vétérinaire vous prescrira la dose exacte à lui administrer, car elle dépend du poids du chien.
• Optez de préférence pour un vol qui n'arrive pas à destination en pleine nuit. Vous pourriez rencontrer des difficultés au passage (souvent improvisé) en douane.

Vous voyagerez en train

• Quelques semaines avant le départ, habituez votre chien à son panier de transport.
• Faites quelques trajets en train avec votre chien pour qu'il s'habitue aux bruits et à l'agitation qui règnent dans le wagon.
• Apprenez-lui à monter et descendre du train.

Le programme des loisirs

Bien sûr, à ce stade, vous avez déjà réfléchi à la manière dont vous allez occuper vos heures de loisir avec votre chien. Vous prévoyez peut-être de faire de longues balades à vélo, des randonnées en montagne, ou de profiter des bains de mer.
Pour ce qui est des promenades à vélo et à pied, n'attendez pas le dernier moment pour glaner des informations détaillées – dès que vous avez choisi la destination – et pour vous procurer en librairie les cartes et ouvrages utiles. Une bonne préparation permet d'éviter mauvaises surprises et incidents.

La visite chez le vétérinaire

Grâce aux renseignements fournis par l'ambassade, l'office du tourisme ou le loueur, vous savez quels vaccins et certificats seront exigés pour votre chien et le temps dont vous disposez pour vous mettre en règle avant votre départ. Une visite chez le vétérinaire s'impose donc.

Conseil : même si la vaccination antirabique est la seule exigée pour passer la frontière, avant le départ, assurez-vous que votre chien est immunisé contre les maladies suivantes : maladie de Carré, hépatite infectieuse, parvovirose et leptospirose.

- Aujourd'hui, la plupart des vétérinaires effectuent une vaccination complète en une seule injection, avec rappel 3 semaines plus tard si c'est la première fois. Les frais de vaccination sont variables.
- Le tatouage est indispensable. Il permet de retrouver le maître d'un chien perdu, il est exigé en même temps que la vaccination antirabique dans les départements infectés par la rage.
- Chaque rappel de vaccin doit être précédé d'un examen vétérinaire approfondi.

Le praticien vous délivrera sur demande le certificat de bonne santé nécessaire.

La petite pharmacie du chien est indispensable pour faire face aux urgences ; préparez-la avec l'aide de votre vétérinaire.

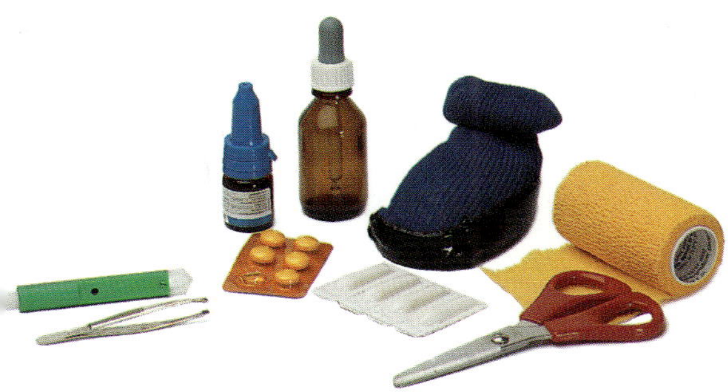

PENSE-BÊTE
Chez le vétérinaire

1 N'attendez pas la veille du départ pour faire examiner et vacciner votre chien. S'il s'agit d'une primo-vaccination réalisée en deux injections, il faudra compter 21 jours d'intervalle.

2 Respectez les délais concernant la vaccination antirabique (au moins 1 mois avant le départ) et le certificat de bonne santé (environ 2 semaines avant le départ).

3 En principe, on vermifuge l'animal 2 semaines avant la vaccination, mais il peut tout aussi bien être déparasité au retour de vacances.

4 Prenez conseil auprès de votre vétérinaire pour constituer la trousse d'urgence du chien.

5 Interrogez-le sur les dangers qui menacent la santé de votre chien à l'étranger, et prenez si possible des mesures préventives.

Il est déconseillé de vacciner et vermifuger en même temps les très jeunes chiens car cela fatigue l'organisme. L'idéal est de déparasiter l'animal 2 semaines avant la vaccination.
Si votre chien court librement dans la nature et rencontre d'autres chiens, vous avez intérêt à le déparasiter immédiatement après les vacances.
Prévoyez également une trousse d'urgence (voir p. 38) pour votre compagnon. Le vétérinaire vous indiquera quels sont les instruments et les médicaments à emporter absolument, et il vous fournira lui-même ces derniers.

Avant de remplir le coffre, réservez une place suffisante pour le chien.

Important : si votre chien souffre de maux chroniques, n'oubliez pas de vous munir de ses remèdes habituels, car rien ne dit que vous pourrez vous procurer les mêmes sur votre lieu de vacances.

Les « bagages » du chien

Tout comme vous et vos enfants, votre chien a lui aussi besoin de ses affaires personnelles pour voyager. Outre la corbeille ou la couverture, les jouets et les accessoires d'hygiène (voir p. 48), la nourriture doit faire l'objet d'une attention particulière.

Sa nourriture préférée

En vacances, nous aimons bien nous faire plaisir, et il ne nous viendrait pas à l'idée de nous mettre au régime durant cette période. Il en va de même pour le chien. Aussi n'oubliez pas de mettre la nourriture du vôtre dans la voiture : mieux vaut prévoir d'emporter le type d'aliment auquel il est habitué, car rien ne dit qu'il est distribué là où vous allez. Cela vaut aussi pour ses friandises préférées (biscuits, os à mâcher). Un changement brusque d'alimentation n'est pas souhaitable, car il risque de se solder chez l'animal par des embarras gastriques, ou par une diète forcée de quelques jours, s'il s'obstine à refuser la nouvelle nourriture que vous lui offrez.

Les croquettes et autres aliments secs sont ce qu'il y a de plus pratique en voyage, car ils pèsent moins lourd que les boîtes et l'on n'en donne que de petites quantités par jour. Aussi, en prévision des vacances que vous allez passer ensemble, habituez peu à peu votre chien, suffisamment à l'avance, à manger des croquettes plutôt que des aliments cuits ou de la nourriture en conserve. Effectuez toujours une transition en mélangeant en quantités croissantes le nouvel aliment avec l'ancien jusqu'à substitution complète au bout de 10 jours. Pensez également qu'en vacances, vous n'aurez peut-être ni l'envie, ni la possibilité de cuisiner des petits plats pour votre chien. L'important est que votre chien partage vos activités pendant la journée, même si cela vous oblige à emporter une bouteille d'eau pour l'abreuver.

Le jour du départ

C'est le grand jour, les bagages sont prêts et le moment du départ approche. Mais vous avez encore quelques derniers points à régler.

Si vous prenez l'avion...

- Présentez-vous tôt à l'aéroport.
- Placez votre chien dans la cage de transport avant son entrée dans la soute.
- Administrez-lui un tranquillisant prescrit par le vétérinaire pour le vol en soute.
- Renseignez-vous pour savoir s'il vous est permis d'assister au chargement de la cage. Cela est parfois possible, et il est rassurant pour les propriétaires de chiens de vérifier, avant de monter dans l'avion, que leur chien est bien installé dans la soute.

Si vous prenez le train...

L'idéal est que, grâce au service domicile-à-domicile de la SNCF, vos bagages voyagent séparément. Bien entendu, ce service représente des frais supplémentaires qui vous seront facturés à part. Mais il vous facilitera grandement la vie, car vous pourrez faire descendre votre chien lors des arrêts prolongés en gare et changer de train sans avoir à surveiller vos bagages ni à les déplacer constamment.

- Ce service de la SNCF transporte les bagages « classiques » en 24 heures, les vélos et bagages volumineux en 48 heures, d'un lieu choisi à un autre.
- Pour faire appel à ce service (au moins une semaine avant le départ, en ayant déjà son billet de train et un bon d'échange bagages acheté en gare ou une carte de crédit), téléphoner au 0 803 845 845 et laissez-vous guider par le répondeur.

Si vous partez en voiture...

- Choisissez l'itinéraire le plus commode à l'aller comme au retour.
- Si vous partez en période d'affluence, ne négligez pas les routes secondaires qui vous permettront tout aussi bien d'arriver à destination.
- Durant les mois d'été, partez de préférence de nuit, lorsque les autoroutes sont quasi désertes. Vous vous épargnerez ainsi des heures d'attente épuisante dans les encombrements, sous un soleil de plomb.
- Pensez à vous munir d'une bouteille d'eau et d'un bol pour votre chien.
- Prévoyez des arrêts fréquents, environ toutes les 2 ou 3 heures. De cette façon, la plupart des chiens supportent très bien les longs trajets en voiture. Profitez de ces courtes pauses pour promener le chien et lui faire prendre l'air, même s'il n'a pas envie de faire ses besoins.
- Ne lui donnez rien à manger avant le départ.

Certains hôteliers ont la bonne idée de mettre à la disposition de leurs clients à quatre pattes des corbeilles, des plaids et des écuelles pour l'eau et la nourriture. Mais la plupart du temps, c'est le propriétaire du chien qui doit emporter tout ce matériel. Là encore, n'attendez pas la veille pour y penser, car les « bagages » du chien prennent aussi de la place.

La couche

La plupart des chiens disposent chez eux d'un coin où dormir. Il s'agit généralement d'une corbeille garnie d'un matelas, d'un coussin ou d'un plaid. L'idéal, bien sûr, est d'emporter le panier de votre chien avec vous. Mais si celui-ci est trop encombrant, prenez tout simplement la garniture (coussin ou plaid). Ainsi, grâce à ce repère familier qui lui rappellera sa maison, votre chien se sentira tout de suite chez lui dans son nouvel habitat. On trouve toujours une petite place pour caser une couverture ; en outre, elle fera une parfaite alèse, confortable, moelleuse et chaude, pendant la durée du voyage.

Les jouets

En principe, en vacances, votre chien devrait avoir suffisamment d'activités pour que vous n'ayez pas à vous encombrer de tous ses jouets. Emportez-en seulement un ou deux. Cela l'occupera lorsque vous devrez le laisser seul et leur odeur familière l'empêchera de mettre en pièces le mobilier qui l'entoure.
La balle est un excellent moyen de lui faire prendre de l'exercice, pendant les pauses sur les aires d'autoroute et, plus tard, lors de vos promenades sur votre lieu de séjour.
Enfin, n'oubliez pas d'emporter un os à mâcher (on n'en trouve pas partout). Votre chien pourra tromper son ennui tout en mâchant quelque chose de dur.

La gamelle et le bol d'eau

Les écuelles en matière synthétique ne sont pas lourdes et certaines sont même pourvues d'un anneau antidérapant. Pensez également à prendre un set de table en plastique.
Même en vacances, les écuelles doivent toujours être disposées à la même place.
Le mieux est de les placer dans un endroit où votre chien ne pourra causer aucun dégât en mangeant ou en buvant : la salle de bains ou le balcon, si vous êtes logé dans un hôtel ; la cuisine, si vous habitez dans une location.

La gourde

Lors de vos activités (excursions, randonnées, plage) et lors des longs trajets en voiture, il est indispensable d'emporter avec vous une

gourde remplie d'eau. On trouve aujourd'hui dans toutes les grandes surfaces des gourdes légères en matière synthétique, qui sont parfaitement adaptées à cet usage.

La trousse d'hygiène
N'omettez pas d'emporter ses accessoires de toilette. Chez les races à poil long en particulier, les saletés ont une fâcheuse tendance à s'incruster dans le pelage, notamment lorsque le temps est humide. Dans tous les cas, vous devrez rassembler de quoi sécher et brosser votre chien.
Il vous faudra donc :
- Une brosse (pour les races à poil long).
- Une étrille ou un gant de toilettage (pour les races à poil court).
- Des serviettes de bain pour le sécher et lui essuyer les pattes.
- Un shampooing pour pouvoir le laver s'il s'est roulé dans de la boue, des bouses de vache…
- Des ciseaux afin d'éliminer plus facilement ce que vous n'arrivez pas à enlever avec la brosse.

Attention : il est bien entendu que vous n'utiliserez pas les serviettes de bain de l'hôtel pour essuyer votre chien !

Autres objets utiles
- Une laisse de rechange.
- Une muselière en matière synthétique.
- Une chaussure protectrice pour les éventuelles blessures aux pattes.
- Un sac à dos conçu pour le porter en montagne.
- Un panier que vous fixerez sur le guidon pour l'emmener à vélo avec vous.

Ses bagages en un seul coup d'œil

	Ce dont il a besoin
Pour dormir	Panier, couverture, coussins
Pour manger	Bol pour l'eau et gamelle pour la nourriture
Hygiène	Brosse, étrille, gant de toilettage, serviettes, shampooing
Loisirs	Jouets, os à mâcher
Pharmacie de voyage	Ersatz d'iode, crème apaisante contre les brûlures, vaseline, talc, collyre, antidiarrhéique, antiémétique, thermomètre, pince à tiques, bandes de gaze élastique, antibiotique
Excursions	Gourde, laisse de rechange, panier pour vélo

L'ARRIVÉE ET LE SÉJOUR SUR PLACE

Les préparatifs de vacances ne sont plus qu'un lointain souvenir et vous avez accompli un voyage long et fatigant pour arriver à destination. Les vacances vont enfin pouvoir commencer, pour vous comme pour votre chien !

L'arrivée

Les humains ont la capacité de gérer le stress lié à un changement d'environnement. Pas le chien. Selon son caractère, les premiers jours qu'il va passer dans cet univers inconnu peuvent être une source d'anxiété et de stress ou, s'il a un tempérament stable et une saine confiance dans sa famille-meute, une simple formalité. Les changements de climat et d'environnement seront surmontés de la même façon par l'homme et l'animal.

• Si vous avez passé plusieurs heures en voiture, la première chose à faire, à l'arrivée, n'est pas de vous précipiter pour décharger vos bagages, mais de vous occuper de votre chien. Faites-lui faire une courte promenade pour qu'il puisse non seulement se soulager, mais aussi se dégourdir les pattes et respirer une bouffée d'air frais. Après quoi, vous ferez connaissance avec votre nouveau domicile.

• Si vous avez loué une maison ou un appartement, tout devrait bien se passer.

Prendre un bain frais en été est un vrai plaisir pour de nombreux chiens.

Faites ensemble « le tour du propriétaire » et laissez votre chien flairer à loisir son nouveau territoire. Si la maison possède un jardin clôturé, il pourra y « déchiffrer les messages » odorants laissés par les précédents locataires quadrupèdes.

• Si vous descendez dans un hôtel ou une pension, il vous faudra d'abord traverser un hall d'entrée souvent animé et vous présenter à la réception. Ce n'est qu'une fois dans la chambre que vous laisserez votre chien faire son petit tour de reconnaissance.

L'habituer à son nouveau domicile

Avant de défaire vos bagages, prenez le temps de mettre en place les affaires de votre chien. Disposez ses écuelles pour l'eau et la nourriture dans une pièce où il ne pourra commettre aucun dégât. Si vous avez loué une maison ou un appartement, la cuisine, avec son carrelage ou son linoléum, convient très bien. Dans un hôtel, il n'y a pas d'autre solution que d'installer son coin repas dans la salle de bains ou sur le balcon. Même si votre chien ne bave pas et qu'il mange proprement, évitez de poser les bols sur la moquette

Les chiens aussi aiment pique-niquer sur l'herbe.

de la chambre – à moins que vous n'ayez apporté un set en plastique ou une natte à glisser dessous pour la protéger.

Important : après un long trajet, il est possible que votre chien montre peu d'appétit. En revanche, un bol d'eau fraîche sera le bienvenu.

Sur le lieu de vos vacances, les heures des repas doivent être les mêmes qu'à la maison, afin de ne pas modifier les habitudes de l'animal. Présentez-lui sa ration habituelle. Ne vous alarmez pas si votre chien boude son écuelle le premier jour, l'énervement et le voyage auront sans doute perturbé son appétit. Chez un chien adulte et en bonne santé, une diète de 24 heures n'a rien d'inquiétant, à moins que la perte d'appétit ne s'accompagne d'autres signes pathologiques (léthargie, vomissements, fièvre). Si votre chien est accoutumé à ne faire qu'un seul repas par jour, contentez-vous d'attendre le lendemain pour lui servir sa prochaine ration, à l'heure habituelle.

Conseil : pour prévenir un refus de nourriture, emportez les bols de votre chien et la nourriture à laquelle il est habitué. Un brusque changement de régime peut entraîner une perte d'appétit ou de la diarrhée (voir p. 46).

Pour dormir, vous allez devoir lui trouver un endroit semblable à celui qu'il a chez vous. Si votre chien couche habituellement près de votre lit, dans une corbeille ou sur une couverture, conservez cette habitude en vacances. S'il a déniché lui-même un coin qui lui plaît, installez-y sa couche (voir p. 55).

L'habituer à son nouveau milieu
Une fois que les bagages sont défaits et que le chien s'est familiarisé avec son nouveau domicile, il temps que vous sortiez ensemble pour explorer votre lieu de vacances. Évitez, les tout premiers jours, d'entreprendre de longues randonnées ou des activités qui exigent des efforts physiques importants, prenez le temps de vous acclimater. Vous pouvez par exemple faire une promenade de reconnaissance afin de repérer où se trouvent la poste, le boulanger ou les restaurants. De cette façon, vous découvrirez les lieux, et votre chien se familiarisera avec les environs proches de votre nouveau domicile. Une précaution à prendre : faites-lui faire plusieurs fois les mêmes trajets, afin que, en vacances aussi, certains itinéraires lui soient familiers. Si vous ne l'avez pas encore fait, profitez de cette promenade pour demander au syndicat d'initiative où se trouve le cabinet vétérinaire le plus proche. Bien sûr, tous les maîtres souhaitent ne pas avoir à emmener leur chien chez le vétérinaire pendant les vacances, mais mieux vaut avoir une adresse et un numéro de téléphone à portée de main, plutôt que de devoir chercher un praticien dans l'urgence.
Conseil : dans un nouvel environnement, il est recommandé de tenir l'animal en laisse, au moins pendant les premiers jours. Nombreux sont les chiens qui se sentent en insécurité dans un milieu inconnu, parmi des bruits et des odeurs qui leur sont étrangers (voir p. 55).

PENSE-BÊTE
Les règles à observer

1 Familiarisez progressivement votre chien avec son nouvel univers.

2 Pour sa propre sécurité, tenez-le en laisse. Lorsqu'il sera acclimaté, et à la condition qu'il obéisse à tous les ordres, vous pourrez la lui ôter.

3 Toutes les règles qui sont valables à la maison s'appliquent aussi en vacances.

4 Abstenez-vous d'entreprendre toutes sortes d'activités de plein air dès le premier jour de vacances. Accordez à votre chien la possibilité de se remettre du voyage, et prenez tous les deux le temps de vous acclimater.

5 Faites en sorte d'obtenir dès les premiers jours l'adresse et le numéro de téléphone du vétérinaire le plus proche.

CAHIER PRATIQUE : L'ACCLIMATATION

La première sortie

À l'arrivée sur le lieu de séjour, un premier tour de reconnaissance permet au chien comme au maître de découvrir les alentours de leur nouveau domicile.
Laissez votre chien renifler abondamment son nouvel univers. Il est bon, même en vacances, que certains trajets deviennent pour lui des itinéraires familiers. Au bout de 2 ou 3 jours, votre chien s'y sentira aussi à l'aise que s'il était chez lui. Cette précaution lui permettra, s'il se sauve ou vous perd de vue, de retrouver son chemin tout seul.
Si vous avez loué une maison avec un jardin clos, votre chien pourra découvrir tout seul son nouveau territoire. Laissez-le inspecter tranquillement le jardin, des congénères y ont peut-être déposé des « messages » intéressants pour lui.

Respecter les horaires

Les vacances créent des perturbations dans la vie du chien. C'est pourquoi il faut s'efforcer de conserver au moins les horaires habituels pour éviter de troubler davantage l'animal. Lorsqu'un chien est habitué tout jeune à manger à des heures régulières, sa digestion suit un rythme invariable, qui permet au maître de fixer précisément les heures des promenades hygiéniques. Bien sûr, chaque être humain a son rythme de vie et de travail, et ce rythme doit servir de base pour l'emploi du temps du chien.

Les premières heures

Évitez de vous agiter dès le jour de votre arrivée. Vous avez besoin de récupérer et de prendre vos repères. Votre chien aussi. Il est certainement déstabilisé par le changement d'environnement (nouveaux bruits, nouvelles odeurs…).

Si le chien doit rester un moment sans surveillance, il faut impérativement l'attacher.

Tenir le chien en laisse

Quel que soit le tempérament d'un chien – sûr de lui ou anxieux –, mieux vaut le garder en laisse durant les premiers jours. C'est également en laisse qu'il devra découvrir avec vous les alentours de son nouveau domicile.

Il y a plusieurs bonnes raisons à cela :

• La laisse, favorisant la proximité immédiate du maître, procure à l'animal un sentiment de sécurité et de protection, surtout dans les rues et au milieu de la circulation.

• Vous éliminez le risque de voir votre animal se sauver.

• Dernière raison mais non la moindre, la laisse contribue aussi à protéger les autres usagers de la route.

Conseil : rappelons que le tatouage et le collier avec médaille portant le nom du chien, le nom du propriétaire ainsi que ses coordonnées sont les meilleures chances de retrouver rapidement un animal qui a fait une escapade.

Sa place

Laissez à votre chien le temps de faire tranquillement le tour du propriétaire. Observez-le du coin de l'œil, vous pourrez ainsi savoir quels sont les endroits ou les pièces qui semblent éveiller plus particulièrement son intérêt.

• Si le chien n'arrive pas à trouver sa place tout seul ou s'il change de place plusieurs fois pendant la nuit, installez sa corbeille, ou sa couverture, à l'endroit où elle est d'ordinaire placée chez vous. Le fait de perpétuer une habitude permettra de le rassurer et facilitera naturellement son acclimatation.

• Si votre animal a déniché un coin qui lui plaît, laissez-le s'y installer – même s'il s'agit d'une place différente de celle qu'il occupe à la maison. Par son choix, votre chien vous fait savoir quel est l'endroit où il se sent le mieux dans son nouveau domaine.

• Vous serez peut-être confronté à un problème inattendu si, par exemple, vous avez coutume d'interdire l'accès de votre chambre à coucher à votre chien. Pensez-y au moment du choix de l'hébergement de vacances. Car si vous optez pour une chambre d'hôtel, cela implique automatiquement que votre chien va séjourner avec vous dans une pièce qui fait à la fois office de séjour et de chambre à coucher. Lorsque vous serez de retour chez vous, il ne sera peut-être pas très facile de lui faire admettre qu'il doit reprendre ses anciennes habitudes. Dans ce cas, soyez ferme, et tout devrait rentrer dans l'ordre rapidement.

Laissez votre chien choisir lui-même sa place.

La bicyclette – à un rythme raisonnable – est aussi un bon moyen de faire courir son chien.

Vous devez le laisser seul...

Si la salle à manger ou le restaurant de l'hôtel lui sont interdits, votre compagnon devra rester dans la chambre au moment des repas. Tout chien devrait être capable de rester seul, pendant un moment, sans terroriser le voisinage par ses aboiements intempestifs, et sans transformer la pièce où il se trouve en champ de ruines. Mais il est évident qu'un chien qui n'est pas habitué à la solitude ne doit en aucun cas être laissé seul. Cette remarque vaut également pour les maîtres qui ont des chiens destructeurs. La frustration et l'ennui sont le plus souvent à l'origine de ce type de comportement. La meilleure méthode pour y remédier consiste à donner au chien ses jouets habituels et un os à mordiller pour l'occuper pendant votre absence. Si vous avez le sentiment que votre chien est anxieux, déposez dans sa couche un vêtement que vous avez porté, un tee-shirt par exemple. L'odeur familière de son maître le mettra en confiance.

Conseil : mettre une friandise dans le panier en guise de consolation ne sert généralement à rien. La plupart des chiens n'y touchent pas, jusqu'au retour de leur maître.

Bien sûr, pour un chien, rester seul dans sa maison ou dans un environnement étranger n'est pas tout à fait pareil. Si votre chien maîtrise cet exercice dans son environnement familier, rien ne dit qu'il en sera capable dans un milieu inconnu. Aussi, lorsque vous quittez la chambre, il est préférable de patienter quelques minutes derrière la porte pour prêter l'oreille à ce qu'il fait.

Si votre chien n'a pas l'habitude de rester seul, cela signifie qu'à l'hôtel vous devrez soit vous séparer et prendre vos repas à tour de rôle, soit manger tous ensemble dans la chambre. Malheureusement, nombreux sont les maîtres qui négligent l'éducation de leur animal et comptent un peu trop sur leur assurance responsabilité civile. De tels individus donnent une mauvaise image des propriétaires de chiens. Il ne faut donc pas s'étonner que, dans bien des endroits, nos braves compagnons ne soient plus les bienvenus. Lorsqu'on laisse un chien seul, toute une matinée, dans une chambre d'hôtel, l'intrusion du personnel chargé de l'entretien peut le faire réagir. Un chien qui est habitué à vivre en maison individuelle avec sa famille a un instinct de défense beaucoup plus développé,

Si les chiens sont habitués aux chevaux, ils vous suivront dans vos randonnées équestres.

et ses aboiements incessants au moindre bruit auront vite fait de vous fâcher avec l'hôtelier le plus conciliant. Pour éviter cela :

• lorsque vous quittez l'hôtel, faites savoir à la réception que votre chien se trouve seul dans la chambre ;

• demandez que le personnel d'entretien en soit averti ;

• suspendez le panonceau « ne pas déranger » à la poignée de la porte.

S'en tenir aux règles habituelles

Loin de se sentir en insécurité en milieu inconnu, certains chiens en profitent au contraire pour s'affirmer et imposer de nouvelles règles.

Si, chez vous, votre chien n'a pas le droit de grimper sur le lit, vous aurez peut-être la surprise de le voir bondir sur le lit de l'hôtel et vous narguer en agitant la queue. Vous ne devez jamais lui céder. Les règles que vous avez fixées à la maison sont aussi valables en vacances. Sinon, il ne comprendrait pas pourquoi ce qui est interdit à la maison est subitement permis en vacances, par exemple faire ses besoins dans le jardin de la maison, ou déterrer les fleurs…

Conseil : pour avoir un chien de bonne compagnie, capable de s'acclimater à n'importe quel environnement, fixez-lui, dès le début de son éducation, des règles cohérentes qu'il devra toujours respecter.

CONSEILS

Que faire en cas de disparition ?

- En premier lieu, ne quittez pas l'endroit d'où le chien s'est enfui. Appelez-le et sifflez-le pour le faire revenir.
- Si, au bout d'un moment, le chien ne revient toujours pas, interrogez les personnes qui se trouvent à proximité.
- Inspectez les environs immédiats en l'appelant et en sifflant. Votre chien, désorienté, n'est peut-être pas bien loin.
- Si vous étiez partis en voiture, regagnez votre véhicule en l'appelant et en sifflant. Votre compagnon vous y attend peut-être déjà.
- Si votre véhicule est garé sur un parking, signalez la disparition de votre chien aux passants et aux automobilistes.
- Si vous étiez partis à pied, retournez jusqu'à votre logement en empruntant, en sens inverse, le même chemin qu'à l'aller.
- Avertissez la police ou la gendarmerie locale, ainsi que la réception de l'hôtel, de la disparition de votre chien.
- Prévenez les refuges et les fourrières des alentours.
- Prévenez également le cabinet vétérinaire le plus proche, votre chien y sera peut-être conduit s'il est blessé.
- Si, malgré vos efforts, votre chien reste introuvable, déposez des annonces chez les commerçants des environs.
- Dans tous les cas, gardez le contact avec toutes les personnes auxquelles vous avez signalé la perte de votre chien. Manifestez-vous régulièrement auprès d'elles.
- S'il est tatoué, téléphonez au fichier central de la Société centrale canine.

Le changement de climat

Le plus sage est de programmer ses vacances dans une région dont le climat est adapté à la condition physique de votre chien.
Si vous partez aux sports d'hiver, il doit pouvoir se réchauffer de temps à autre.
De plus, vous devrez accorder une attention particulière aux soins du pelage et des pattes.
Si vous skiez toute la journée, il est clair que votre chien ne pourra pas vous suivre sur les pistes. Réfléchissez-y avant de partir, car si hormis les promenades hygiéniques, votre chien doit rester seul, ces vacances ne lui laisseront pas un bon souvenir. Il existe, près des pistes de ski et des remonte-pentes, des hôtels qui acceptent les chiens. Au moins, l'animal peut passer une partie de la journée dans la chambre, au lieu d'attendre dans une voiture froide ou dans un bar bondé.
Si vous pratiquez le ski de fond, sachez que les chiens sont peu appréciés des autres skieurs lorsqu'ils courent sur la piste. En revanche, leur présence ne pose aucun problème s'ils ont appris touts petits à courir à côté de leur maître. L'exercice permet à l'animal de se réchauffer.
Si vous êtes un adepte des bains de mer, sachez que nos braves quadrupèdes sont les bienvenus sur la plupart des plages d'Europe… sauf pendant les vacances. Les propriétaires de chiens doivent alors séjourner près d'une plage où les chiens sont admis, ou dans une crique isolée, loin du tourisme de masse.
Si c'est la première fois que votre chien voit la mer, il y a des chances pour qu'il avale quelques « tasses ». Normalement, l'eau salée doit le faire aussitôt vomir. Empêchez votre chien de boire de l'eau de mer, et pensez à emporter de l'eau potable dans une gourde.
Comme les humains, les chiens risquent un coup de chaleur après une exposition

Les côtes européennes offrent des criques tranquilles où un chien peut se baigner.

prolongée au soleil. C'est pourquoi il est important de connaître les bons gestes qui peuvent les aider à mieux supporter la chaleur. La meilleure prévention est de réserver à votre chien une place sous votre parasol. S'il ne va pas se baigner, rafraîchissez-le de temps à autre avec une serviette mouillée. La Confédération nationale des SPA et le web de la SPA proposent des informations utiles pour les vacanciers (liste des plages qui accueillent les animaux).
La plupart des plages surveillées sont interdites aux chiens ; il faut aller un peu plus loin. La liste des plages fournie par la SPA étant établie à partir des renseignements fournis par les offices du tourisme et les syndicats d'initiative, on peut les contacter directement.

Attention aux fugues !

Perdre son animal dans un milieu inconnu est la hantise de tout propriétaire de chien. C'est pourquoi vous devez prendre des mesures préventives pour limiter les risques de fugue. Le plus sûr moyen de ne pas perdre son chien, surtout s'il y a beaucoup de circulation, c'est de le tenir en laisse.
Si vous êtes propriétaire d'un mâle, et si celui-ci s'est échappé pour rejoindre une chienne en chaleur, il peut très bien ne pas reparaître avant plusieurs jours.
Si, malgré toute votre vigilance, votre chien a fait une escapade, reportez-vous à l'encadré de la page 58 pour mettre toutes les chances de votre côté.

INDEX

*Les chiffres **en caractères gras** renvoient aux photos et aux illustrations.*

• *Fédération cynologique internationale (FCI)*
13, place Albert-Ier
6530 Thuin (Belgique)

• *Société protectrice des animaux (SPA)*
30, avenue du Général-de-Gaulle
92230 Gennevilliers
Tél. : 01 47 98 57 40
http://www.spa.asso.fr

• *Confédération nationale des SPA de France*
25, quai Jean-Moulin
69002 Lyon
Tél. : 04 78 38 71 71

• *Société centrale canine (SCC)*
155, avenue Jean-Jaurès
93535 Aubervilliers Cedex
Tél. : 01 49 37 54 00

• *Assistance aux animaux*
23, avenue de la République
75011 Paris
Tél. : 01 40 21 96 41

• *Direction des services vétérinaires*
107 bis, rue du Faubourg-Saint-Denis
75010 Paris
Tél. : 01 44 79 51 51

• *SNCM-Ferryterranée*
(ferries pour la Corse)
61, boulevard des Dames
13002 Marseille
Tél. : 08 36 67 95 00

• *Gîtes de France*
59, rue Saint-Lazare
75009 Paris
Tél. : 01 49 70 75 75

• *Fédération française de camping et de caravaning*
78, rue de Rivoli
75004 Paris
Tél. : 01 42 72 84 08
La Fédération française de camping et de caravaning édite un guide des campings de France qui signale ceux où les chiens ne sont pas acceptés. Mais cela ne veut pas dire qu'ils seront bien acceptés dans les campings qui ne sont pas signalés comme tels !

• *Royal Canin*
Royal Canin édite un guide des pensions qui acceptent les chiens en France. Vous pouvez vous le procurer sur simple demande en appelant au 0800 41 51 61 (n° vert).

• Autres adresses et coordonnées :
– SNCF (08 36 35 35 35)
– Air France (0 820 820 820)

Lorsque tout est prêt, les vacances peuvent enfin commencer.

LES CONSEILS DE L'EXPERT

1 Tous les chiens peuvent-ils partir en vacances ?

Oui, si l'âge, l'état de santé, le caractère et l'éducation du chien le permettent.

2 Peut-on partir en vacances avec n'importe quelle race de chien ?

En principe, oui. L'appartenance à une race ne joue aucun rôle.

3 À partir de quel âge peut-on emmener un chien en vacances pour la première fois ?

À partir de 6 mois. L'éducation est alors déjà commencée.

4 Ces vacances exigent-elles une longue préparation ?

Il faut planifier plusieurs mois à l'avance la destination, le mode d'hébergement et le type de loisirs envisagés.

5 À quoi faut-il veiller au moment du choix du lieu de séjour ?

Essentiellement à la condition physique et aux aptitudes de votre chien.

6 Quel est le mode de transport idéal pour les vacances ?

La voiture. C'est elle qui répond le mieux aux besoins du chien.

7 Y a-t-il des régions privilégiées pour partir avec un chien ?

Toutes les régions dont le climat est tempéré et qui ne nécessitent pas un long voyage.

8 Peut-on emmener un chien partout ?

Il faut éviter les régions tropicales et les vacances trop éreintantes. Les longs trajets en avion sont également déconseillés.

9 Peut-on emmener un chien en vacances à l'étranger ?

Oui, si les formalités douanières et les délais de vaccination sont respectés.

10 Peut-on encore apprendre à un chien adulte à voyager en voiture ?

En principe, oui. Mais l'apprentissage sera plus laborieux et plus long.

L'édition originale de cet ouvrage
a été publiée sous le titre
« Mit meinem Hund auf Reisen »
par Gräfe und Unzer GmbH, Munich.

Traduction :
Mireille Touret

Correction :
Isabelle Macé

Maquette :
Béatrice Lereclus

Dépôt légal : 8495-02-2001
N° éditeur : OF09912
ISBN : 2.01.620871.6
62.60.0871.01.4

Impression :
G. Canale & C.S.p.A.,
Turin (Italie)

Crédits photographiques
Toutes les photos de ce guide sont de Christine Steimer, à l'exception des suivantes : Cogis/Francais, p. 14 en haut à droite ; Juniors/Cullmann : pp. 2/3 ; Schanz : pp. 17, 30, 31, 59.

Remarques importantes
Ce guide traite des vacances avec un chien. L'auteur et l'éditeur tiennent à souligner qu'il s'applique avant tout à de jeunes chiens, issus d'élevages de qualité, donc à des animaux sains et équilibrés.
Si vous adoptez un chien adulte, vous devez savoir que ce dernier a été marqué par ses différentes expériences avec les humains et surtout les enfants. Observez bien le chien, ainsi que son attitude envers les humains, demandez à connaître le propriétaire.
Si l'animal provient d'un refuge, interrogez le personnel pour obtenir des renseignements sur ses origines et ses particularités.
Certains chiens, à cause de mauvaises expériences vécues avec les humains, ont un comportement inhabituel et peuvent avoir tendance à mordre. Ces animaux devraient être réservés à des maîtres expérimentés.
Mais même les chiens bien éduqués et surveillés peuvent occasionner des dégâts matériels ou provoquer des accidents. C'est pourquoi vous avez intérêt à contracter une assurance suffisante, particulièrement contre tous les dégâts que votre chien pourrait commettre.
Procédez également à tous les déparasitages et vaccinations nécessaires (voir p. 45), sans quoi de graves problèmes de santé pourraient surgir pour lui et pour vous. Si vous constatez des symptômes de maladie chez votre animal, consultez votre vétérinaire.